C·H·Beck
PAPERBACK

Was sind die «Fünf Säulen des Islam»? – Welche Rolle spielen im Islam Maria und Jesus? – Welche Koran-Ausgaben sind empfehlenswert? – Wie fasten Muslime im Monat Ramadan? – Ist das Kopftuch religiöse Pflicht? – Wie verhalte ich mich in einer Moschee? – Ist der Islam tolerant? – Wer vertritt die Interessen der Muslime in Deutschland? – Diese und andere Fragen beantwortet die Islamwissenschaftlerin Ursula Spuler-Stegemann knapp, kenntnisreich und für jeden verständlich. Das Buch enthält ganz einfache Fragen, die teilweise gar nicht so leicht zu beantworten sind, aber auch schwierige Fragen mit überraschend einfachen Antworten. Insgesamt bieten die Fragen und Antworten, die nach Themen wie «Entstehung des Islam», «Zentrale Glaubensaussagen», «Koran», «Moschee», «Alltagsleben» und «Islam in Deutschland» angeordnet sind, eine ebenso umfassende wie unterhaltsame Einführung in den Islam.

*Ursula Spuler-Stegemann* ist Professorin für Islamwissenschaft an der Universität Marburg. Mit ihrem Standardwerk «Muslime in Deutschland» (3., aktual. Aufl. 2002) ist sie einem größeren Publikum bekannt geworden.

Ursula Spuler-Stegemann

# Die 101 wichtigsten Fragen

# Islam

C.H.Beck

Die Ornamente an den Kapitelanfängen wurden dem Band «Pflanzliche Bauornamente der Seldschuken in Kleinasien» von Gerd Schneider (Wiesbaden: Reichert 1989) entnommen.

1. Auflage in der Beck'schen Reihe. 2007
2., durchgesehene Auflage. 2009
3., aktualisierte Auflage in C.H.Beck Paperback. 2014
4., aktualisierte und erweiterte Auflage. 2017
5., aktualisierte Auflage. 2019

Originalausgabe

6. Auflage. 2024

www.chbeck.de
Umschlaggestaltung: malsyteufel, Willich
Umschlagabbildung: Mausoleum des Moulay Ismail in Meknès, Marokko,
© Bruno Barbey/Magnum/Agentur FOCUS
Satz: Fotosatz Amann, Memmingen
Druck und Bindung: Druckerei C.H.Beck, Nördlingen
Printed in Germany
ISBN 978 3 406 81751 9

myclimate
verantwortungsbewusst produziert
www.chbeck.de/nachhaltig

# Inhalt

**Vorwort** 11

**Wie Muslime sich selbst betrachten** 13
1. Was bedeutet das Wort «Islam», und warum sollte man Muslime nicht als «Mohammedaner» bezeichnen? 13
2. Warum betrachten sich die Muslime als «die beste aller Religionsgemeinschaften»? 13

**Verbreitung und Ausprägungen des Islam** 14
3. Wie viele Muslime gibt es auf der Welt? 14
4. Welches sind heutzutage die Länder mit überwiegend muslimischer Bevölkerung? 15
5. Wie viele Muslime leben in Europa? 15
6. Wo findet man die beiden größten Konfessionen, die Sunniten und die Schiiten? 16
7. Welche Dynastien gab und gibt es im Islam? 16

**Die Entstehung des Islam** 17
8. Wie verlief der Lebensweg des Propheten Mohammed? 17
9. Wie erfuhr Mohammed, dass er Offenbarungen Gottes zu verkünden habe? 22
10. Wie war das Verhältnis Mohammeds zu den Frauen? 22
11. Wie stand Mohammed zu Christen und Juden? 24
12. Was ist ein Schutzbefohlener? 26
13. Was ist die Schia, und welche wichtigen großen Sondergruppen gibt es? 28

**Zentrale Glaubensaussagen der Muslime** 36
14. Welches sind die Kernaussagen des Islam? 36
15. Trennt oder eint Abraham die «drei monotheistischen Religionen»? 37

16. Welches Gottesbild haben Muslime? 39
17. Wie kam das Böse in Gottes gute Welt? 41
18. Welches Menschenbild haben die Muslime? 42
19. Was geschieht mit Muslimen nach ihrem Tod? 43
20. Was ist ein Mahdi? 44

**Der Koran und die Sunna** 46
21. Von wem stammt der Koran? 46
22. Wie ist der Koran aufgebaut? 46
23. Wie geht man mit dem Koran richtig um? 47
24. Darf der arabische Koran in andere Sprachen übersetzt werden? 47
25. Welche Koranübersetzungen sind empfehlenswert? 49
26. Was ist die Sunna? 50

**Glaubenspraxis** 51
27. Was sind die «Fünf Säulen des Islam»? 51
28. Warum sind fromme Muslime besonders reinlich? 51
29. Wie lautet das Glaubensbekenntnis? 52
30. Warum ist das Gebet in der Gemeinschaft mehr wert als ein Beten im stillen Kämmerlein? 52
31. Wie fasten Muslime im Monat Ramadan? 53
32. Wer bekommt die Sozialabgabe? 54
33. Was bedeutet die Pilgerfahrt? 55

**Alltagsleben** 57
34. Welche Feste feiern Muslime? 57
35. Welches sind die gebräuchlichsten religiösen Formeln und Redensarten? 58
36. Ist das Tragen des Kopftuchs, des Schleiers, eines langen Gewandes oder anderer islamischer Kleidung religiöse Pflicht? 59
37. Warum tragen Männer Bärte? 60
38. Darf man seinen muslimischen Gästen Schweinebraten mit Knödeln und dazu eine Flasche Bier anbieten? 61
39. Müssen Tiere ohne Betäubung geschlachtet werden? 62
40. Darf ein Muslim einer Frau und eine Muslimin einem Mann die Hand geben? 62

41. Dürfen Muslime den Geburtstag von nicht-muslimischen Kollegen mitfeiern? 63
42. Dürfen Muslime Trauzeugen bei einer Hochzeit von Christen sein? 63
43. Können Muslime Christen und Christen Muslime beerben? 63
44. Müssen Muslime ehrlich sein? 63

**Frauen und Männer** 64
45. Sind Frauen den Männern gleichberechtigt oder nur gleichwertig? 64
46. Warum sind die Zeugenaussagen von Frauen nur die Hälfte wert? 65
47. Warum erben Frauen weniger als Männer? 66
48. Wie viele Frauen darf ein Muslim heiraten? 66
49. Dürfen Mädchen oder Frauen ohne deren Zustimmung verheiratet werden? 66
50. Darf sich eine Frau scheiden lassen? 67
51. Warum dürfen Musliminnen nur Muslime heiraten? 68
52. Was muss eine Frau beachten, wenn sie einen Muslim heiratet? 68
53. Dürfen Muslime ihre Frauen schlagen? 73
54. Wie ergeht es den Männern im Islam? 74

**Moschee** 75
55. Ist die Moschee ein «Gotteshaus»? 75
56. Was gehört zu einer Moschee? 75
57. Wie verhalte ich mich in einer Moschee? 77
58. Ist ein Imam einem Pfarrer oder Priester vergleichbar? 78

**Islamische Mystik** 79
59. Was ist islamische Mystik? 79
60. Was ist ein Derwisch-Orden? 81
61. Was lehren die «Tanzenden Derwische»? 83

**Volksislam** 86
62. Glauben Muslime an Engel, Teufel und Dämonen? 86
63. Wie verehren die Muslime ihren Propheten? 89

64. Kennen die Muslime die Verehrung von Heiligen? 90
65. Verehren Muslime und Christen gemeinsam Heilige? 91

**Die Scharia** 92
66. Ist die Scharia ein Gesetzbuch? 92
67. Ist eine Fatwa ein Todesurteil? 93
68. Wie kommt eine Fatwa zustande? 95
69. Warum werden nicht in allen islamischen Staaten die Körperstrafen gleichermaßen angewandt? 96
70. Warum werden Ehebrecher ausgepeitscht oder gar gesteinigt? 97
71. Warum soll Dieben die Hand abgehackt werden? 99
72. Sind Ehrenmorde mit dem Islam begründbar? 100
73. Was sagt die Scharia zur Homosexualität? 100
74. Sind Geschlechtsumwandlungen erlaubt? Dürfen Schönheitsoperationen durchgeführt werden? Sind Tätowierungen gestattet? 101
75. Sind Geburtenkontrolle und Abtreibung erlaubt, und wie steht der Islam zur Adoption? 101
76. Dürfen Organtransplantationen durchgeführt werden? Sind Bluttransfusionen erlaubt? Ist Klonen gestattet? 103
77. Schreibt der Islam die Beschneidung von Knaben und Mädchen vor? 104

**Der Islam und andere Religionen** 106
78. Wie wird man Muslim? 106
79. Was gilt als «Apostasie», und darf ein Muslim zu einer anderen Religion übertreten? 107
80. Welche Rolle spielen im Islam Maria und Jesus? 108
81. Was unterscheidet den Koran von der Bibel? 111
82. Was sind die grundsätzlichen Unterschiede zwischen Islam und Christentum? 113
83. Kommen Christen ins Paradies? 114
84. Gibt es Christenverfolgungen in islamischen Ländern? 114

**Islam und Gesellschaft** 115


85. Können fromme Muslime Demokratie und einen säkularen Staat akzeptieren? 115
86. Gibt es eine Art liberalen, weltoffenen, vielleicht sogar «säkularen» Islam? 116
87. Wie steht es im Islam um die Menschenrechte? 118
88. Warum gehen die zinslosen Banken nicht bankrott? 120

**Islam und Toleranz** 122

89. Muss der Islam die ganze Welt beherrschen? 122
90. Ist Dschihad «Heiliger Krieg»? 126
91. Ist der Islam gefährlich? 130
92. Sind Selbstmordattentäter Märtyrer? 131
93. Ist der Islam tolerant? 132

**Islam und der Westen** 133

94. Warum verachten und hassen gerade fromme Muslime oft den Westen? 133
95. Dürfen Muslime dauerhaft in einem nicht-islamischen Land leben? 135
96. Wie ergeht es heutzutage den Muslimen in Europa? 137

**Islam in Deutschland** 144

97. Wer vertritt die Interessen der Muslime in Deutschland? 144
98. Welche Probleme und Ansprüche haben Muslime in der Diaspora? 145
99. Verändert der Islam Deutschland? 147
100. Kann man die Scharia als verbindliche Rechtsnorm in Deutschland tolerieren? 148
101. Gibt es «den europäischen» oder «den deutschen Islam»? 150

**Literaturhinweise** 152
**Glossar** 154
**Register** 157

## Vorwort

Die Terrorakte vom 11. September 2001 und die Anschläge in Europa haben hierzulande außer Podiumsdiskussionen, Tagungen und zahllosen Talk-Shows eine Literaturschwemme von wenigen wirklichen und umso mehr selbst ernannten Experten zum Islam ausgelöst, die nicht zu enden scheint. Warum also diese Flut um ein weiteres Buch vermehren?

Am meisten hat mich bewegt, nicht nur Fakten, sondern ein wenig von dem Lebensgeist, den der Islam ausströmt, zu vermitteln. Denn er ist eine höchst vitale Religion, vielfältig – auch wenn er sich gegenwärtig fast überwiegend in seiner fundamentalistischen Ausformung darstellt –, dynamisch und doch auch wieder starr zugleich. Er ist ein faszinierendes Phänomen, das die Lebensart der Gläubigen bis ins intimste Detail prägt und dennoch auch Auswege aus dieser Beengung aufzeigen kann. Uns wird der Islam sicher nicht mehr loslassen; er ist wie eine Urgewalt zu uns und vielleicht gar über uns gekommen und verändert nun auch unsere Lebenswelt.

Neben den universitären Lehrveranstaltungen habe ich zahlreiche Vorträge zu sehr unterschiedlichen Themenbereichen des Islam gehalten. Ein Teil der bei diesen Anlässen gestellten Fragen wiederholte sich regelmäßig, so dass sich herauskristallisierte, welche Probleme viele Interessierte beschäftigen. Aber es kamen auch Fragen, die meine Neugier weckten und mich zu weiterer Nachforschung anregten, so dass ich meinen Beruf als ein ständiges Geben und Nehmen verstehen darf. Ich habe es stets als Privileg empfunden, sozusagen am Puls der Zeit beobachten und gelegentlich begleiten zu dürfen, wie sich Religionen – insbesondere der Islam – unter sich verändernden Gegebenheiten entwickeln.

Das vorliegende Buch möchte in aller Bescheidenheit auf den Islam neugierig machen und den Leser für die Begegnung mit Muslimen öffnen und nötigenfalls auch wappnen.

Da nun endlich dieses Büchlein fertig gestellt ist, möchte ich zuerst Dr. Ulrich Nolte vom Verlag C.H. Beck für seine unglaubliche Geduld und manche hilfreiche Anregung danken. Bedanken möchte ich mich auch bei Gertrud Jahn und Anke Müller, die beide unter zeitlichem Hochdruck Korrektur gelesen haben. Meinen innigsten Dank aber kann ich nicht mehr weitergeben; er gilt meinem Mann, Professor Dr. Dr. Hartmut Stegemann. Seine konstruktiven Ratschläge und liebevollen Ermunterungen und Ermutigungen werde ich für immer vermissen.

Seinem Angedenken widme ich dieses Buch.

Marburg, im Januar 2007

## Vorwort zur vierten Auflage

Wie keine andere Religion beeinflusst der Islam derzeit das Weltgeschehen. Er verändert tiefgreifend die Gesellschaft in Europa und in besonderem Ausmaß in Deutschland. Die rasante Entwicklung in den letzten zehn Jahren erforderte Aktualisierungen und Ergänzungen. Ausführlicher behandelt werden deshalb Fragen zum Dschihad (90) und ob der Islam gefährlich (91) oder tolerant (93) ist; ferner, wie es den Muslimen in Europa ergeht (96) und welche Probleme und Ansprüche sie dabei haben (98). Ein vorsichtiger, aber hoffnungsvoller Blick gilt der Beantwortung der Frage, ob es bereits «den europäischen» oder «den deutschen Islam» gibt (101). Überarbeitet wurde auch der Abschnitt zu den Aleviten (13), für die sich einschneidende Fortschritte ergeben haben, die sich in der schriftlichen Verfestigung ihrer Glaubenslehre und deren Vermittlung manifestieren.

Die islamische Welt und die Muslime sind in Bewegung, aber der Islam wandelt sich, wie jede Religion, nur langsam. Darum ist das Buch im Kern unverändert. Es wäre schön, wenn es weiter vielen Lesern ein hilfreicher Leitfaden in der Begegnung mit Muslimen und mit dem Islam sein könnte.

Marburg, im Januar 2017

## Wie Muslime sich selbst betrachten

**1. Was bedeutet das Wort «Islam», und warum sollte man Muslime nicht als «Mohammedaner» bezeichnen?** «*Islam*» heißt «Ergebenheit in den Willen Gottes». Heutzutage kann man von Muslimen immer wieder auch hören, eigentlich bedeute Islam «Frieden». Das ist gut gemeint, und es gibt auch einen entsprechenden arabischen Wortstamm; philologisch ist diese Ableitung aber leider nicht haltbar. Jemand, der sich «in den Willen Gottes ergibt», ist ein «*Muslim*» oder – vom Persischen her – ein «Moslem». Das weibliche Pendant dazu ist «Muslima» bzw. eingedeutscht «Muslimin».

Muslime legen großen Wert auf die Feststellung, dass ihr Prophet Mohammed lediglich ein vorbildlicher Mensch war. Das Besondere an ihm war, dass er als das «Schreibrohr» (Sure 96:4 f) diente, durch das Gott allen Menschen seine Offenbarung, den Koran, hat zukommen lassen. An seiner Person darf sich der Name der Muslime aber nicht festmachen; deshalb ist die Bezeichnung «Mohammedaner» falsch und wird nicht gerne gehört. Damit wird ein wesentlicher Unterschied des Islam gegenüber dem Christentum deutlich, weil dieses sich nach Jesus Christus benennt, der nach christlichem Glauben selbst die Menschheit erlöst hat und deshalb im Zentrum der Glaubenslehre steht. Mohammed gilt den Muslimen nicht als Stifter einer eigenen Religion, sondern als der Gesandte Gottes, der nur diejenigen Offenbarungen bestätigt hat, die längst zuvor bereits an die «Propheten» Mose und Jesus ergangen waren. Das war nötig, weil nach islamischer Auffassung Juden und Christen die ursprünglichen Offenbarungen Gottes verfälscht hatten. Nach Mohammed als dem «Siegel der Propheten» kann es keinen weiteren Propheten mehr geben, der göttliche Offenbarungen empfängt, so wie auch die Christen ihrerseits keinen weiteren Propheten nach Jesus Christus anerkennen können. Dennoch ist Mohammed nach islamischem Verständnis aber nur der letztgültige *Mittler* der maßgeblichen Offenbarungen Gottes, nicht etwa ihr Urheber oder Autor.

**2. Warum betrachten sich die Muslime als «die beste aller Religionsgemeinschaften»?** Der Koran sagt über die Muslime: «Ihr seid die beste Gemeinschaft, die für die Menschen erstand. Diese Gemeinschaft der Gläubigen (*umma*) ist von Gott auserwählt: Ihr gebietet das Rechte und verbietet das Unrechte und glaubt an Gott» (Sure 3:110). Dabei sind die Muslime von Anfang an eine echte Solidargemeinschaft gewesen: «Und die Gläubigen, Männer und Frauen, sind einer des anderen Freund. Sie gebieten das Rechte und verbieten das Unrechte. Sie verrichten das Gebet und zahlen die Sozialabgabe (*zakât*) und gehorchen Gott und Seinem Gesandten. Sie sind es, derer sich Gott erbarmen wird. Siehe, Gott ist mächtig und weise.» (Sure 9:71) Bis heute ist im Islam der wesentliche Gedanke der unteilbaren «Einheit der Umma» lebendig, der insbesondere in den von allen Muslimen zu gleichen Tageszeiten praktizierten fünf täglichen Gebeten und in der jährlichen gemeinsamen Wallfahrt nach Mekka zum Ausdruck kommt. Trotz der frühen Aufspaltung in die Hauptrichtungen der Sunniten und Schiiten, ungeachtet der neuzeitlichen Aufsplitterung in Nationalstaaten und unbeschadet der Entstehung eigenständiger Organisationen wie der Sufi-Orden oder der Muslimbrüder ist die islamische Umma – wenn auch zeitweise latent – das die Muslime in der ganzen Welt umfassende Band geblieben und wird gerade auch in der Diaspora weiterhin als gemeinschaftsbildendes Element tatkräftig gefördert. Gleichzeitig aber forciert ein solches Überlegenheitsbewusstsein die Abgrenzung gegenüber den Andersgläubigen. In ihrer Selbsteinschätzung als «die beste aller Religionsgemeinschaften» werden die Muslime nicht zuletzt auch dadurch bestärkt, dass nach dem Islam keine neue Weltreligion mehr entstanden ist, die ihren besonderen Anspruch aus den Angeln heben könnte.

## Verbreitung und Ausprägungen des Islam

**3. Wie viele Muslime gibt es auf der Welt?** Weltweit ist der Islam nach dem Christentum seit langem die zweitgrößte Religion. Die Zahl seiner Anhänger wird gegenwärtig auf mehr als 1 Milliarde geschätzt, die Zahl der Christen auf etwa 2 Milliarden. Demnach ist fast jeder 5. Erdbewohner ein Muslim. Der Islam verbreitet sich derzeit sehr rasch, auch auf den traditionell christlichen Kontinenten Europa, Amerika und Australien.

**4. Welches sind heutzutage die Länder mit überwiegend muslimischer Bevölkerung?** In 56 Ländern der Welt – vor allem in Asien und Afrika – übersteigt der Anteil der Muslime 50 % der Einwohner. In den USA schicken sich die Muslime an, den dortigen 6 Millionen Juden den zweiten Rang nach den Christen abzulaufen. Dabei leben die meisten Muslime heutzutage nicht – wie man vermuten könnte – in den arabischen Ländern, sondern in Indonesien (etwa 180 Mio.). Trotz der Abspaltung Pakistans (130 Mio.) und Bangladeschs (107 Mio.) machen die Muslime in Indien mit 113 Millionen immer noch 11 % der Gesamtbevölkerung aus. Sie sind dort die drittstärkste Glaubensgemeinschaft und gleichzeitig die größte religiöse Minderheit in einem nicht-islamischen Land. Auch Brunei und das Touristenparadies Malediven sind islamisch. Malaysia mit seinen 60,5 % Muslimen wird mehr und mehr vom Islam bestimmt. Selbst in der Volksrepublik China gibt es mit 1,4 % der Gesamtbevölkerung etwa 20 Millionen Muslime. Fast rein islamisch sind Afghanistan (13 Mio.), Iran (60 Mio.) und die Türkei (62 Mio.). In den arabischen Ländern Saudi-Arabien, Jemen, den Golfstaaten, Jordanien, dem Irak, Syrien, Libanon mit mehr als 50 %, in den nordafrikanischen Staaten Ägypten, Eritrea, Somalia, Gambia (85 %), Sudan (70 %), Libyen, Tunesien, Algerien, Marokko, Mauretanien und Nigeria (45 %), ferner in Mali, Niger, Dschibuti und dem Tschad (50 %), Burkina Faso (43 %) gibt es zusammengenommen rund 220 Millionen Muslime. Weitere 15 bis 20 Millionen Muslime leben in West- und Mitteleuropa.

**5. Wie viele Muslime leben in Europa?** Ein Blick auf Europa zeigt, dass es die meisten Muslime im Osten gibt. In Russland leben 21,5 Millionen, also 15 % der Bevölkerung. In Bulgarien sind nach diversen Umsiedlungen in die Türkei noch etwa 13,1 % der Bevölkerung türkische Muslime, in Albanien etwa 70 %, und man ging im Jahr 2006 für Bosnien und Herzegowina von 55 % aus, wobei die Anzahl mit der zunehmenden Rückwanderung steigen wird. In Serbien und Montenegro sollen noch 21 % der Bevölkerung muslimisch sein. Dagegen nehmen sich die Prozentzahlen in den Niederlanden (5,7 %), Dänemark (3 %), in der Schweiz (4,3 %), Deutschland (mindestens 4 %) und Großbritannien (2,5 %), konzentriert auf industrielle Ballungsräume, vergleichsweise gering aus; trotzdem sind dort die Muslime die stärkste religiöse Kraft nach den Christen. In Österreich leben 4,2 % Muslime. In Frankreich haben die Muslime bereits die nach der Vertreibung der Hugenotten verbliebenen Protestanten mit 8,3 % der Bevölkerung übertroffen und sind jetzt nach den Katholiken die zweitgrößte Religionsgemeinschaft. Auch in Belgien (3,6 – 4 %) haben sie die Anzahl der Protestanten weit überflügelt, desgleichen in Italien mit seinen 1,4 % beziehungsweise 800 000 Muslimen und Spanien mit seinen «nur» 1,5 % Muslimen, wo aber der Drang nach al-Andalus, dem historisch-arabischen Andalusien, die Zuwanderung beflügelt. Insgesamt leben etwa 53 Millionen Muslime in Europa.

**6. Wo findet man die beiden größten Konfessionen, die Sunniten und die Schiiten?** Weltweit sind heutzutage 85 bis 90 % aller Muslime *Sunniten* und stellen damit die Hauptkonfession des Islam. Auf den sunnitischen Mehrheitsislam beziehen sich deshalb auch die meisten Darstellungen des Islam, manche gar, ohne der *Schia* ein eigenes Kapitel einzuräumen. Vermutlich gehören über 120 Millionen Muslime der Schia an. Gemeinhin versteht man unter der Bezeichnung «Schia» die Zwölfer-Schia – die Bezeichnung leitet sich von der Anzahl ihrer autoritativen Imame ab – oder Imamiya (siehe Frage 13). Sie ist nur in Iran Staatsreligion; etwa 85 % der dortigen Muslime sind *Schiiten*. Zwei Drittel der Bevölkerung des Irak, des Ursprungslands der Schia, sind schiitisch, und zwar vor allem der Süden und Osten. Schiiten leben insbesondere im Süden Libanons (mit der Hälfte der zu 60 % muslimischen Bevölkerung), in Bahrain (70 %), in Kuwait (30 %) und schließlich mit 65–75 % einer zu 90 % muslimischen Bevölkerung in Aserbaidschan. Jeder fünfte Afghane und Pakistaner ist Schiit. Die sozial besonders engagierte Siebener-Schia oder Ismâîlîya mit Karim Aga Khan IV. an der Spitze wirkt vor allem in Indien und Ostafrika. Im Jemen macht die den Sunniten nahe stehende Fünfer-Schia oder Zaidîya etwa ein Drittel der ansonsten sunnitischen Bevölkerung aus. Zaiditen sind fast ausschließlich im Nord-Jemen zu finden. Reste der ältesten islamischen Sondergruppe – die Charidschiten und heutigen Ibaditen – befinden sich in den Oasenstädten des Mzab im westlichen Algerien, auf der tunesischen Insel Dscherba und in Oman.

**7. Welche Dynastien gab und gibt es im Islam?** Das Reich der Muslime reichte schon knapp achtzig Jahre nach dem Tod des Propheten Mohammed im Osten bis zum Industal und im Westen über

Nordafrika und einen Großteil Spaniens bis nach Frankreich, wo sie im Jahr 732 von Karl Martell bei Tours und Poitiers zurückgeschlagen wurden. Allerdings begann bereits unter den Abbasiden das Kalifat zu zerfallen, und es entstanden viele selbständige Dynastien (siehe die Tabelle, Seite 18–19).

## Die Entstehung des Islam

**8. Wie verlief der Lebensweg des Propheten Mohammed?** Die Hauptquelle für die Biographie Mohammeds ist die so genannte «Sîra», «Das Leben des Propheten», die der 768 verstorbene Ibn Ishâq aufzeichnete und die großenteils von Ibn Hischâm tradiert wurde. Sie enthält Fakten und wundersame Legenden; manche Berichte lassen Mohammed in – zumindest aus heutiger Sicht – problematischem Licht erscheinen.

Nach islamischer Geschichtsschreibung wurde Mohammed im Jahre 570 n. Chr. in Mekka geboren. Nichts deutete darauf hin, dass aus dem verwaisten Hirtenjungen der mächtige Stifter einer Weltreligion werden würde, die bis zum heutigen Tag expandiert. Nur ein christlicher Mönch – so die Sîra – habe das Mal auf seiner Schulter richtig gedeutet und dem zwölfjährigen Knaben eine große Zukunft vorausgesagt. Die entscheidende Wende in seinem Leben überraschte Mohammed selbst. Im Alter von vierzig Jahren empfing er seine erste Offenbarung. Zu diesem Zeitpunkt war der Abkömmling der völlig verarmten Sippe der Haschimiten vom Stamme der Quraisch mit der reichen, wesentlich älteren Kaufmannswitwe Chadidscha glücklich verheiratet und führte deren Im- und Exportgeschäft. Mekka war damals ein blühendes und mächtiges Handels- und Kulturzentrum, ein wichtiger Verkehrsknotenpunkt, an dem sich Kaufleute, die Waren aus dem fernen Osten herbeibrachten, und Karawanen trafen, die vom Jemen im Süden bis Syrien im Norden zogen. Die politische wie die wirtschaftliche Macht lag in den Händen weniger Handelsaristokraten, zu denen auch Mohammeds Sippe gehörte. Im Rahmen der bedeutenden Märkte und Handelsmessen fanden in der Zeit der Waffenruhe während der jährlich vier heiligen Monate (Sure 9:36) Dichterwettbewerbe statt; denn die Dichtkunst stand in Arabien in hoher Blüte. Zudem wurden dann die unzähligen Kultstätten – Steine, heilige Quellen oder andere von Dämonen besiedelte Orte – aufgesucht.

TABELLE DER DYNASTIEN

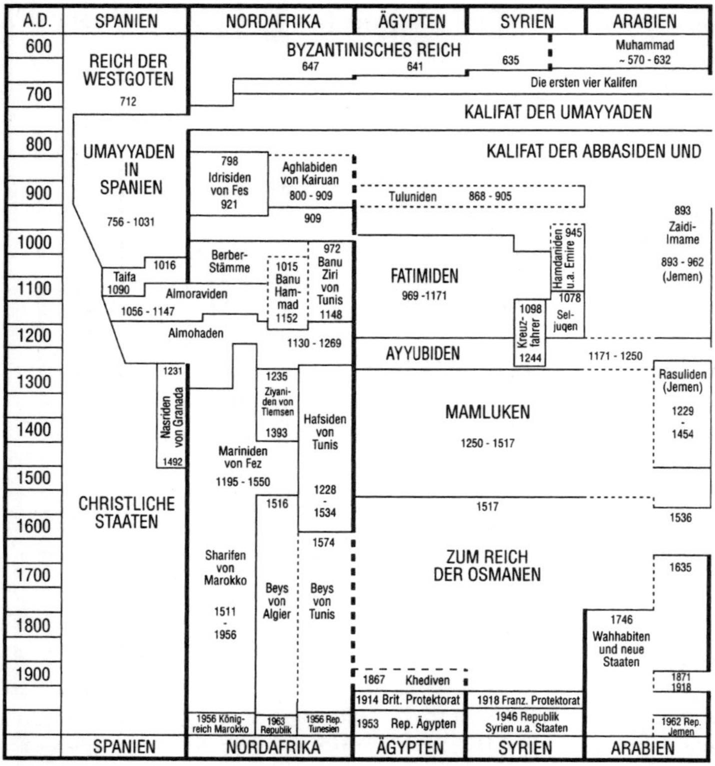


Wichtigstes Heiligtum aber war die Kaaba mit dem verehrten «Schwarzen Stein», einem Meteoriten. In der Kaaba befand sich die Statue des Hochgottes Hubal, der mit seinen drei Töchtern, den Göttinnen al-Uzza, Lat und al-Manat, dort verehrt wurde. Außer mit den Anhängern der altarabischen Kulte kam Mohammed mit Christen unterschiedlicher Konfession, Juden und «Hanifen», den «Gottessuchern», in Kontakt.

Mohammed suchte seinen eigenen religiösen Weg, und ihm widerfuhr eine «Schlafvision» mit der ersten Offenbarung, die ihn zutiefst aufwühlte (siehe Frage 9). Danach sprach er in zündender Rede von dem einen Gott, der Himmel und Erde erschaffen habe und am Ende

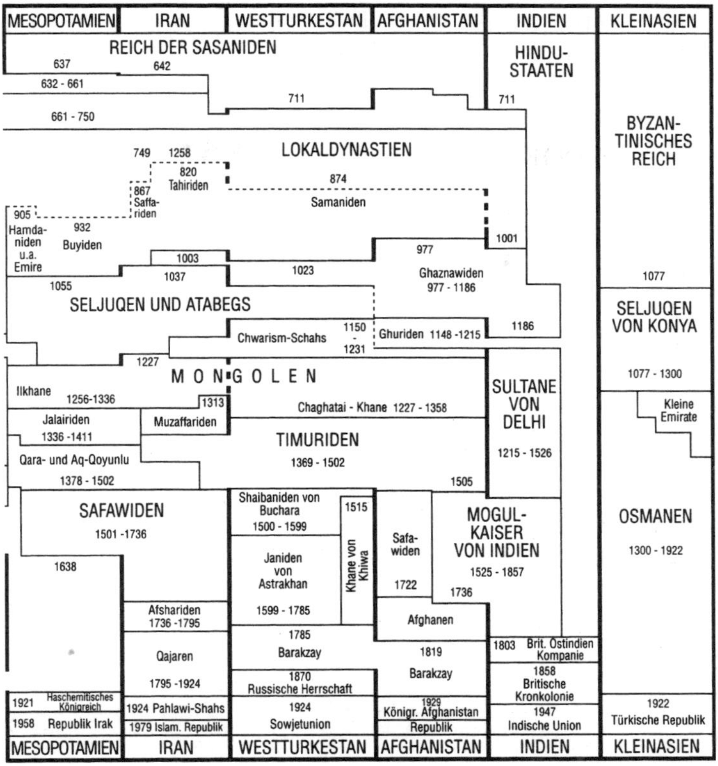


der Tage die Menschen nach ihren Taten richten werde. Das drohende Endgericht ist auch Thema vieler in Mekka entstandener Koran-Suren. Redlich müsse man sein und Gutes tun, Gedanken, die äußerst unbequem waren. Zudem machte der rigide Monotheismus Mohammeds die Verehrung anderer Gottheiten und Dämonen obsolet. Seiner neuen Lehre schlossen sich junge Unterprivilegierte an. Diese Entwicklung gefährdete zum einen die auf Stammessolidarität beruhende Gesellschaftsordnung Mekkas. Zum anderen drohte die Lehre von dem einen Gott auch der wirtschaftlichen Prosperität, die mit den diversen lokalen Kulten untrennbar verbunden war, den Boden zu entziehen. Mohammed wurde den herrschenden Mekkanern also nicht nur lästig, sondern zunehmend auch zur Bedrohung ihrer wirtschaftlichen Existenz. Einen Teil seiner wachsenden Anhängerschaft brachte er im christlichen Abessinien in Sicherheit. Solange seine einflussreiche Ehefrau Chadidscha und nach deren Tod sein Onkel Abu Talib die Hand über ihn hielten, konnte Mohammed selbst nichts geschehen. Als aber auch dieser gestorben war, sah Mohammed sich einem gegen ihn persönlich gerichteten zweijährigen geschäftlichen Boykott ausgesetzt.

Nach mehreren Anschlägen auf sein Leben siedelte er mit seinen Getreuen im Jahre 622 nach Yathrib über, dem späteren Medina (Abkürzung von «Madina an-Nabi», «Stadt des Propheten»), das etwa 200 Kilometer nördlich von Mekka liegt. Diese sorgfältig vorbereitete Auswanderung, die «Hidschra», markierte den Aufbruch in das *neue Zeitalter* des Islam; folgerichtig wurde das Jahr 622 zum Jahr 1 der neuen islamischen Zeitrechnung. Seither spricht man gemeinhin vom «Islam» als eigenständiger «Religion», von den «Muslimen» als deren Anhängern und von der «Umma» als «Religionsgemeinschaft».

In Medina war Mohammed wegen eben jener Lehre, die ihm in Mekka so viel Ungemach eingebracht hatte, hochwillkommen. Die dort siedelnden Stämme waren heillos untereinander zerstritten. Von der charismatischen Persönlichkeit Mohammeds als neutralem Ombudsmann und vom Islam als einem neuen gemeinschaftsbildenden Band erhoffte man sich eine Befriedung. Tatsächlich gelang es Mohammed, die Umma erfolgreich auszubauen. Neue Gesetze und Ergänzungen zum ungeschriebenen Gewohnheitsrecht halfen bei der Konsolidierung des Gemeinschaftsgefüges ebenso wie eine neu geschaffene «Gemeindeordnung von Medina», die zudem das Verhältnis zu den in Medina alteingesessenen jüdischen Stämmen und den Angehörigen anderer Religionen regelte. Diese im Wortlaut erhaltene «Charta» wird von strenggläubigen Muslimen bis heute als Vorbild für die Einnahme ihrer Position innerhalb einer multireligiösen Gesellschaft angesehen.

Dennoch kam es in Medina zu blutigen Auseinandersetzungen, insbesondere mit den drei jüdischen Stämmen. Mohammed war nämlich zunächst davon ausgegangen, dass die Offenbarungen, die er empfing, identisch seien mit jenen Offenbarungen, die bereits Mose und Jesus erhalten hatten. Die Rabbiner in Medina aber verhöhnten ihn deswegen und gefährdeten dadurch Mohammeds Prestige. Zudem hatten die dortigen Juden insgeheim Kontakt zu den feindlichen Mekkanern aufgenommen, gegen die Mohammed eine Schlacht nach der anderen mit wechselndem Ausgang führte (624 Schlacht von Badr, 625 Schlacht von Uhud, 627 «Grabenkrieg»). Zugleich verhandelte er immer wieder und erzielte Abkommen, die er selbst nicht immer einhielt. Die Spannungen eskalierten schließlich derart, dass einer der jüdischen Stämme ausgerottet und die beiden anderen aus Medina vertrieben wurden. Zunehmend schlossen sich arabische Stämme im weiteren Umfeld der neuen Religion an. Noch konnte sich das byzantinische Reich bei Muʾta im damaligen Syrien der Muslime erwehren. Ein Waffenstillstand mit Mekka ermöglichte Mohammed sogar im März 629 eine Pilgerfahrt zur Kaaba. Die große so genannte «Abschiedswallfahrt» vollzog Mohammed ein halbes Jahr vor seinem Tod; er starb am 8. Juni 632. Zu diesem Zeitpunkt hatte sich Mekka bereits widerstandslos ergeben, war doch die Kaaba nach ihrer Reinigung vom «Götzendienst» das Kultzentrum auch der neuen Religion geworden, so dass für die Mekkaner durch den Islam nicht nur keine Nachteile erwuchsen, sondern geradezu ein wirtschaftlicher Aufschwung zu erwarten war.

Die Abgrenzung insbesondere vom Judentum brachte folgerichtig die Herausbildung einer *eigenen Theologie* mit sich. Die Gebetsrichtung wurde bereits im Jahre 624 von Jerusalem auf die Kaaba in Mekka umgestellt. Die Kaaba galt nun als von Abraham und seinem Sohn Ismail erbaut und wurde als wichtigstes Heiligtum der Muslime zum religiösen Zentrum des Islam. Der Kultus wurde neu festgelegt und der Freitag zum Wochentag des gemeinsamen Gebets. Neue Eingebungen besagten, die Juden – wie auch die Christen – hätten ihre ursprünglich identischen Offenbarungen verfälscht, womit die Unterschiede im Kultus und in der Lehre zu erklären seien. Mit der so genannten Abraham-Legende (siehe Frage 15) bekräftigten die Offenbarungen, dass der Islam nicht nur die älteste, sondern auch die ursprüngliche und damit einzig wahre Religion sei. Mohammed wurde nun als das «Siegel der Propheten» (Sure 33:40) und damit als «letzter aller Propheten» bezeichnet, dem kein weiterer mehr folgen kann und dem die abschließende, für alle Zeiten und für alle Menschen maßgebliche Offenbarung zuteil geworden ist (siehe auch Frage 21). Alle Erlebnisse und Erfahrungen Mohammeds, die internen Auseinandersetzungen mit den «Heuchlern» und die neuen gesetzlichen wie theologischen Regelungen, die Kriege gegen die Ungläubigen, ja selbst persönliche Probleme und die jeweiligen Konfliktlösungen fanden ihren Niederschlag im Koran und in der Sunna und wurden damit zum Vorbild bis zum heutigen Tag.

**9. Wie erfuhr Mohammed, dass er Offenbarungen Gottes zu verkünden habe?** Die Biographie Ibn Ishâqs schildert anschaulich Mohammeds *Berufungserlebnis*: Als Mohammed vierzig Jahre alt war, zog er sich in eine Höhle des Berges Hîra in der Nähe von Mekka zurück. Er selbst berichtet, wie ihn dort der Engel Gabriel aufgesucht und ihm eine Tafel vorgehalten habe mit der Aufforderung: «Rezitiere!» (übersetzbar auch mit: «Trag vor!» oder: «Lies!»). Doch Mohammed, der nach islamischer Meinung weder lesen noch schreiben konnte, weigerte sich. Der Engel wiederholte diesen Befehl noch zweimal und würgte ihn schließlich mit einem Tuch aus Brokat, bis Mohammed in Todesangst jene Sätze rezitierte, mit denen die 96. Sure beginnt: «Rezitiere! Im Namen deines Herrn, der erschaffen hat, den Menschen aus einem Embryo erschaffen hat! Trag vor!» So empfing nach der Schilderung Ibn Ishaqs Mohammed die erste Offenbarung. Aufgewühlt und zutiefst verstört lief er so rasch er konnte nach Hause. Zweifel an dem göttlichen Auftrag durchschüttelten ihn. Doch seine Frau Chadidscha bestärkte ihn im Glauben an die Echtheit seiner Berufung.

Diese Schilderung des Berufungserlebnisses trug dazu bei, dass westliche Forscher lange Zeit unterstellten, Mohammed habe an Epilepsie gelitten, er sei geistig verwirrt oder ein Scharlatan und Betrüger gewesen. Heute jedoch sind die meisten Islamwissenschaftler davon überzeugt, dass Mohammed selbst an seine Offenbarungen glaubte. Letztlich ist dabei die Existenz des Korans das entscheidende *Beglaubigungswunder*, das Mohammeds Mission als «Gesandter Gottes» bestätigt und ihn auszeichnet als einen «Gesandten mit einer schriftlichen Offenbarung» (*kitâb*, Buch), so wie sie zuvor nur Mose und Jesus erhalten hatten. Wunder hat Mohammed selbst der Überlieferung nach nicht vollbracht; erst der Volksglaube hat wundervolle Geschichten um ihn ranken lassen. Seine überragende Stellung unterstreichen jedoch wiederholte Aussagen des Korans, etwa: «Wer dem Gesandten gehorcht, gehorcht auch Gott.» (z. B. Sure 8:20)

**10. Wie war das Verhältnis Mohammeds zu den Frauen?** Stein des Anstoßes sind bei Nicht-Muslimen immer wieder Mohammeds zahlreiche Eheschließungen. Bei näherer Betrachtung zeigt sein

Verhältnis zu den Frauen jedoch ein recht differenziertes Bild. Als junger Mann verdingte sich Mohammed bei der Witwe Chadidscha, die in Mekka ein florierendes Import- und Export-Geschäft betrieb. Die um viele Jahre ältere Frau machte ihrem tüchtigen Angestellten einen Heiratsantrag, ein Faktum, das die muslimischen Historiker stets freimütig schilderten und nie als ehrenrührig betrachteten. Solange Chadidscha lebte, blieb sie Mohammeds einzige Ehefrau. Viel spricht dafür, dass es eine echte Liebesheirat war. Chadidscha war auch die erste, die an die Echtheit seiner Berufung glaubte, und sie hielt ihre schützende Hand auch dann über ihren Mann, als er seiner Lehre wegen in Gefahr war. Mit Fug und Recht kann man konstatieren: Die Geschichte des Islam begann mit der massiven Unterstützung einer Frau.

Erst als Witwer heiratete Mohammed in Medina insgesamt 12 bis 15 weitere Frauen; die genaue Zahl ist nicht bekannt, genauso wenig wie die Anzahl seiner Sklavinnen, die damals üblicherweise Konkubinen sein konnten. Erst eine eigene Offenbarung hat weiteren Eheschließungen den Riegel vorgeschoben (Sure 33:52). Zum besseren Verständnis dieser zahlreichen Verbindungen ist daran zu erinnern, dass Mohammed in Medina die Funktionen eines Bürgermeisters, militärischen Oberbefehlshabers, Gesetzgebers, Richters und geistlichen Oberhaupts in seiner Person vereinte. Dabei verlangte die Konsolidierung seiner weltlichen Macht vielfältige politische Bündnisse, die traditionell durch Heiraten gefestigt wurden. Auch war die soziale Versorgung von Witwen gefallener Krieger und erbeuteter Frauen ein gewichtiger Heiratsgrund. Letztendlich würde man Mohammed dennoch nicht gerecht, übersähe man dabei seine echte Freude am weiblichen Geschlecht. So soll er seinem Ziehsohn Zaid dessen Frau ausgespannt haben, eine Geschichte, die in seiner Gemeinde Unmut erregte und sich sogar im Koran niedergeschlagen hat (Sure 33:36 f).

Mohammed hat bei verschiedenen Gelegenheiten geäußert, dass es Gott wohlgefällig sei, die eigene Ehefrau gut zu behandeln; und es heißt, er habe gegen keine seiner Frauen je die Hand erhoben, obwohl eine Offenbarung dies gestattet hätte (siehe Sure 4:34 und Frage 53). Als Beispiel dafür, wie Mohammed sich Frauen gegenüber verhalten konnte, mag seine Lieblingsfrau Aischa dienen. Mohammed heiratete die Tochter seines engsten Vertrauten, des späteren ersten Kalifen Abu Bakr, als Sechsjährige und vollzog mit der Neunjährigen die Ehe, so wie es damaligen Sitten entsprach. Das Kind wuchs bei Mohammed auf und entwickelte sich zu einer selbstbewussten und gebildeten Frau. Sie verfügte über medizinische Kenntnisse, war eine angesehene Dichterin wie auch eine glänzende Rednerin und konnte sogar Mohammed vertreten, wenn es die neue Lehre zu erläutern galt. Sie ist eine der wichtigsten Quellen der Worte und Verhaltensweisen des Propheten (siehe dazu Frage 26). Mohammed verschied mit dem Kopf auf ihrem Schoß.

Mohammeds Söhne starben sehr früh; von seinen Töchtern hatte nur Fatima Kinder. Sie gilt insbesondere den Schiiten als der Inbegriff von Frömmigkeit, Demut und Anspruchslosigkeit. Ob ihre übergroße Bescheidenheit allerdings immer freiwillig war, ist umstritten; Mohammed soll nämlich seinen Schwiegersohn Ali ermahnt haben, sich ihr gegenüber nicht so knauserig zu zeigen.

Der berühmte arabische Historiker Tabarî (gest. 923) berichtet auch von Streit im Haushalt des Propheten, der schmollend nicht mehr nach Hause kommen wollte, bis sein Schwiegervater und Freund Abu Bakr die Frauen wieder zur Räson gebracht haben würde. Diese Anekdote zeigt Mohammed von einer sehr menschlichen und durchaus sympathischen Seite.

Im Koran wird die besondere Rolle der Ehefrauen Mohammeds als «Mütter der Gläubigen» (Sure 33:6) hervorgehoben: Sie erhalten für ihre Wohltaten doppelten Lohn im Paradies und für ihre Übeltaten doppelte Strafe (Sure 33:30 f). Eine Offenbarung bestimmte, dass nach Mohammeds Tod kein anderer eine seiner Witwen heiraten durfte (Sure 33:53).

Die Darstellungen der muslimischen Theologen, der Koran habe die Stellung der Frau insbesondere durch die Begrenzung der Mehrehe auf vier Frauen, aber auch hinsichtlich ihres Erbrechts verbessert, können so nicht stehen bleiben. Der Koran setzt sich allerdings mit allem Nachdruck für das Verbot der Kindestötung ein (Sure 6:137,140,151; 17:31), das besonders «überflüssige» neugeborene Mädchen betraf, die man bis dahin lebend im Sand vergraben hatte (Sure 16:58 f).

**11. Wie stand Mohammed zu Christen und Juden?** Das anfänglich gute Verhältnis Mohammeds zu den Juden wie insbesondere zu den Christen war einem starken Wandel unterzogen. Der christliche äthiopische Herrscher hatte die in Mekka verfolgten Anhänger Mohammeds aufgenommen und ihnen auch ein weiteres Mal Schutz und Sicherheit geboten; allerdings scheint es zu Missstimmigkeiten gekommen zu sein, weil der Negus den Islam nicht annahm.

Sowohl die Juden als auch die Christen verwahrten sich jedoch dagegen, dass der Koran und die Bibel ihrem Wesen nach identisch sein sollten, wie Mohammed annahm (z. B. Sure 3:84; 2:4,136; 4:150,163; 5:59). Zunächst hieß es nur, dies solle aber kein Grund für Streitigkeiten sein (Sure 42:15). Doch verschärfte sich die Situation in Medina immer mehr: «Du wirst sicherlich finden, dass unter allen Menschen die Juden und die, welche Gott Bilder zur Seite stellen, die erbittertsten Gegner der Gläubigen sind. Und du wirst zweifellos finden, dass die, welche sprechen: ‹Wir sind Christen›, den Gläubigen am freundlichsten gegenüberstehen. Das verhält sich so, weil unter ihnen Gottesgelehrte und Mönche sind und weil sie nicht hochmütig sind.» (Sure 5:82) Dieser Vers ist freilich die einzige uneingeschränkt freundliche Bemerkung über Christen im ganzen Koran. Jesus selbst wird als Zeuge wider die Christen (Sure 19:30) wie auch gegen die ungläubigen Juden herangezogen, die er und David verfluchten (Sure 5:78). Die Christen werden als Ungläubige bezeichnet, weil sie an der Gottessohnschaft Jesu und der Dreieinigkeit festhalten (z. B. Sure 5:72 f).

Die Muslime werden nachdrücklich gewarnt: «Ihr Gläubigen! Nehmt euch nicht die Juden und Christen zu Freunden *(walî)*. Sie sind untereinander Freunde. Wenn einer von euch sich ihnen anschließt, gehört er zu ihnen [und nicht mehr zur Gemeinschaft der Gläubigen]. Gott leitet das Volk der Frevler nicht recht.» (Sure 5:51) Da es sich hier um eine Schlüsselstelle für das Verhältnis zu den Christen handelt, muss der unscharfe Begriff *walî* genauer betrachtet werden. Rudi Paret, Adel Th. Khoury und Max Henning übersetzen – wie auch die offizielle türkische Koranausgabe und die persische Übersetzung von Mohammad K. Moezzî *walî* mit «Freund» (*dost* bzw. *dôstânî*), und Annemarie Schimmel legt in einer Anmerkung zur Henning'schen Ausgabe dar, dass «Freund» weniger im emotionalen als im vertragstechnischen Sinne zu verstehen sei. Murad W. Hofmann zieht in seiner Koran-Ausgabe demgemäß «Verbündeter» oder «Beschützer» vor, und Nadeem Elyas bevorzugt «Vertrauter» bzw. «Schutzherr»; ein *walî* ist zum Beispiel auch der gesetzliche Vertreter einer Braut, die bei der Eheschließung nicht zugegen ist. Die beiden letztgenannten muslimischen Interpretationen dieses göttlichen Koranverses schließen die Akzeptanz und gleichberechtigte Zusammenarbeit mit christlichen oder westlichen Instanzen aus. Vor dem Hintergrund der Diaspora-Situation in Europa ist diese hochpolitische Komponente, die dieser aktualisierten Koran-Deutung innewohnt, von weitreichender Bedeutung.

Werden nun die Christen – Entsprechendes gilt für die Juden – gar als «Ungläubige» abgestempelt, dann ist die Situation eindeutig, und man darf sie selbstverständlich nicht zu Freunden nehmen (Sure 5:57, vgl. auch 3:28). Für sie gilt dann: «Wenn ihr mit den Ungläubigen zusammentrefft, dann haut (ihnen) auf den Nacken! Wenn ihr sie schließlich vollständig niedergekämpft habt, dann legt (sie) in Fesseln, (um sie) später entweder auf dem Gnadenwege oder gegen Lösegeld (freizugeben)» (Sure 47:4). Vielfach ruft der Koran dazu auf, die «Ungläubigen» zu «töten» (z. B. Sure 2:191; 4:89), oder bezeugt, dass die Ungläubigen unter den Leuten der Schrift (siehe auch Frage 12) und die Götzendiener «Insassen der Hölle» sein werden (Sure 98:6). Denn die Ungläubigen wollten nicht auf Mohammeds Verkündigungen hören: «Bei den Ungläubigen ist es, wie wenn man Vieh anschreit, das nur Zu- und Anruf hört. Taub, stumm und blind (sind sie). Und sie haben keinen Verstand.» (Sure 2:171) Wer allerdings in diesen Koran-Versen konkret unter den «Ungläubigen» zu verstehen ist, ob die Christen als «Schriftbesitzer» überhaupt als «Ungläubige im vollgültigen Sinn» aufzufassen sind, ob sich diese Verse vor allem auf Ungläubige zu Mohammeds Zeiten beziehen oder damit heute diejenigen gemeint sind, an die der Ruf zum Islam ergangen ist, ohne dass sie Muslime geworden sind, darüber gibt es weder im Koran noch in der islamischen Theologie eine allgemein anerkannte Auffassung. Gerade die im Koran erkennbare historische Veränderung der Haltung Mohammeds Juden und Christen gegenüber und die daraus resultierende Vielschichtigkeit der koranischen Anweisungen zum Umgang mit Andersgläubigen machen die Interpretation dieser Aussagen und die daraus zu ziehenden Folgerungen für das heutige Verhältnis zu Juden und Christen abhängig von Voraussetzungen, die im Text selbst nicht festzustellen sind. Wenn man allerdings *ahistorisch* vorgeht und den zeitlichen Zusammenhang ausblendet, findet man sehr unterschiedliche Aussagen im Koran, derer man sich willkürlich bedienen kann, wie es gerade genehm ist.

**12. Was ist ein Schutzbefohlener?** Wie immer man auch die Haltung des Korans gegenüber den Christen und Juden bewerten mag, so hat ihnen Mohammed – wie auch den Zoroastriern und Sabäern –

als «Schriftbesitzern» letztlich den Sonderstatus von «Schutzbefohlenen» gegeben. Ein «Schutzbefohlener» *(dhimmî)* genoss gemäß Sure 9:29 nach Entrichtung der Kopfsteuer *(dschizya)* den Schutz für sein Leben und sein Eigentum, war rechtlich aber niemals den Muslimen gleichgestellt. Schon in der Anfangszeit des Islam wurde somit das soziale und politische Verhältnis zu den Schriftbesitzern als den «Schutzbefohlenen» festgeschrieben. Die islamischen *Rechtsschulen* haben später die Kompetenzen und Möglichkeiten der Lebensgestaltung der Schutzbürger genauer definiert. Dhimmîs durften in gewissem Rahmen ihre Religion praktizieren, sofern sie nicht nach außen hin – etwa durch Prozessionen oder lautes Rezitieren der Bibel – auffielen oder gar missionierten. Da etliche Rechtsgelehrte Christen und Juden als «unrein» ansahen, durften sie kein Exemplar des Korans besitzen; denn nur die «Reinen sollen ihn berühren» (Sure 56:77–79). Andererseits war ihnen freizügiges Reisen innerhalb der islamischen Gebiete gestattet. Auch hatten sie eine gewisse rechtliche Autonomie, insbesondere im Familienrecht, und konnten sich ihrerseits an die Scharia-Gerichte wenden. Ihr Zeugnis galt dort allerdings als minderwertig.

Auch wenn die Praxis nicht immer so streng ausfiel – Muslime berufen sich dabei gerne auf die Ausnahmen –, blieben die Dhimmîs in einem islamischen Staat deutlich benachteiligt und waren stets *Bürger zweiter Klasse*. Denn sie waren weder gleichberechtigt noch hatten sie die gleichen «bürgerlichen» Grundpflichten zu erfüllen wie die Muslime. Über große Zeiträume war den Schutzbefohlenen der Zugang zu zahlreichen Berufen, vor allem zu Staatsämtern und zum Militärdienst, verwehrt. Waffenbesitz war ihnen nicht gestattet. Sie durften zwar Handel treiben, Unternehmen führen und Geschäftsverträge mit Muslimen abschließen, aber nur im Rahmen der Scharia und sofern Muslime als Geschäftsführer oder zumindest als Geschäftspartner eingesetzt waren. Weil «Gott den Ungläubigen nie die Gelegenheit geben wird, gegen die Gläubigen vorzugehen» (Sure 4:141), sollen Nicht-Muslime keine Befehlsgewalt über Muslime bekommen und deshalb auch nicht an der Spitze eines islamischen Staates stehen, sagt doch ein Hadîth: «Der Islam herrscht und wird nicht beherrscht.»

Zudem waren die Schutzbefohlenen bereits äußerlich leicht als Nicht-Muslime zu erkennen. Seit dem Abbasiden-Kalifen al-Mutawakkil (847–861) hatten die Juden für lange Zeit ein sichtbares gelbes Zeichen *(ghiyâr)* an ihrer Kleidung zu befestigen; die Christen trugen einen blauen Gürtel beziehungsweise eine Schärpe. Ihre Häuser durften die Gebäude der Muslime nicht überragen. Sie durften Muslime in der Öffentlichkeit nicht als erste grüßen, und sie mussten gar die Straßenseite wechseln, um einem Muslim Platz zu machen. Auch durften sie nicht auf Pferden reiten, sondern allenfalls auf einem Esel oder einem Maultier und auch das nur im unwürdigen Damensitz.

So fortschrittlich – an den Verhältnissen zur Zeit Mohammeds gemessen – der Schutz der religiösen Minderheiten der Juden und Christen gewesen sein mag, so negativ haben sich die zahlreichen Diskriminierungen im Laufe der Geschichte auf das Verhältnis zwischen den beiden Religionen ausgewirkt; sie sind in den islamischen Ländern bis heute wirkmächtig. Daher ist es verwunderlich, dass manche fromme Muslime heute gerade diesen Status von Schutzbefohlenen für sich selbst in ihrer europäischen Diaspora-Situation anstreben. Doch kennen demokratische Verfassungen grundsätzlich keine Bürger erster und zweiter Klasse.

**13. Was ist die Schia, und welche wichtigen großen Sondergruppen gibt es?** Die Einheit der Umma bekam bereits in ihren Anfängen bleibende Risse. Weil Mohammed keinen Sohn hinterlassen und – zumindest nach sunnitischer Auffassung – auch keinen Nachfolger (arabisch: *chalîfa*; deutsch: «Kalif») ernannt hatte, gab es unterschiedliche Auffassungen, wer nach Mohammeds Tod im Jahre 632 zur Leitung der Gemeinde legitimiert sei. Während die Mehrheit den getreuen Prophetengenossen und Schwiegervater Mohammeds, Abu Bakr, auserkor, akzeptierte eine Gruppe von Muslimen diese Entscheidung nicht und entwickelte die Vorstellung, dass nur die Blutsverwandtschaft mit Mohammeds Familie, den *ahl al-bait* («Leute des Hauses»), zur Herrschaft befähige und als einziger männlicher Verwandter der Vetter Mohammeds und Ehemann seiner Tochter Fâtima, ʿAlî ibn Abî Tâlib, in Frage käme. Als göttliche Bestätigung für den Machtanspruch Alis stützen sie sich auf eine Textstelle in Sure 37:83, die sie in einer eigenen Lesart auf sich beziehen als *schîʿat ʿAlî*, «Partei Alis». Die Bezeichnungen «Schia» und «Schiiten» leiten sich daraus ab. Die Schiiten sind im Gegensatz zu den Sunniten der Überzeugung, Mohammed selbst habe auf der Abschiedswallfahrt am Teich Chumm Ali zu seinem unmittelbaren

Nachfolger bestimmt, und sehen die Kalifen Abu Bakr (632–634), Umar (634–644) und Uthmân (644–656) als verachtenswerte Usurpatoren an. Danach erst kam Ali an die Macht. Doch war seine kurze Regierungszeit (656–661) von internen Kämpfen und von der ersten Abspaltung überschattet. Ein Teil der Anhängerschaft Alis hatte diesem nämlich den Rücken gekehrt, als er die Entscheidung über eine faktisch schon gewonnene Schlacht gegen seinen Widersacher Muâwiya bei Siffîn am Euphrat im Jahre 657 einem Schiedsgericht überließ. Sie zogen ab, was ihnen die Bezeichnung *Châridschiten*, «die Ausziehenden», einbrachte. Sie vertraten nunmehr den Standpunkt, nur der Beste und Frömmste dürfe der Umma vorstehen.

Wie seine beiden Amtsvorgänger wurde auch Ali ermordet. Alis Sohn Hasan zeigte kein politisches Engagement; sein anderer Sohn Husain ging mit einer kleinen Schar, den Tod bewusst auf sich nehmend, in den aussichtslosen Kampf um die Herrschaft gegen den Statthalter Muâwiya. Am 10. Muharram 680 wurden Husain und die meisten seiner Familienmitglieder und Anhänger bei Kerbela im Südirak getötet. Diejenigen Muslime, die meinten, sie hätten Husains Tod verhindern können, wären sie nur mutig genug gewesen, nannten sich fortan «die Büßer». Der Schia-Experte Heinz Halm sieht in dieser Büßer-Bewegung von Kufa im Irak «den eigentlichen Ursprung des schiitischen Islam», weil sie bereits alle religiösen Sonderheiten der Schia aufweist wie das Selbstopfer und die ritualisierte blutige Geißelung bei den jährlichen Trauer-Umzügen anlässlich des Todes von Husain am 10. Muharram als Sühne für einstiges Versagen. Damit war der Widerstand der schiitischen Gruppen im Wesentlichen gebrochen. Es bildete sich allmählich eine Konfession heraus, die sich in einigen zentralen Aspekten von den sunnitischen Glaubenslehren unterscheidet.

Die Schiiten bezeichneten die von ihnen als rechtmäßig betrachteten Nachfolger Mohammeds als *Imame*. Der hochverehrte Ali gilt ihnen als der erste Imam, seine beiden Söhne Hasan und Husain als der zweite und der dritte. Diese Imam-Reihe endet bei der *Zwölfer-Schia* oder *Imamîya* mit dem zwölften Imam Mohammed al-Mahdi.

Das schiitische Imamat war erblich. Aber die Frage, welcher männliche Nachkomme der legitime Imam sei, trug den Keim von Spaltungen in sich. Nach den ersten vier Imamen sonderte sich jedoch die so genannte *Fünfer-Schia* oder *Zaidîya* ab, ebenso wie im Dissens über die Nachfolge nach dem Tod des sechsten Imams die

*Siebener-Schia* oder *Ismaîlîya.* Die drei bedeutendsten Ausprägungen der Schia unterscheiden sich voneinander insbesondere in ihrer jeweiligen Auffassung von der religiösen Wertigkeit, den Aufgaben und den Fähigkeiten eines Imams. Die den Sunniten am nächsten stehenden *Fünfer-Schiiten* bzw. Zaiditen anerkennen als ihren Imam denjenigen, der nicht nur ein Abkömmling der großen Sippe des Propheten sein muss, sondern seinen Herrschaftsanspruch auch mit dem Schwert durchzusetzen vermag; übernatürliche Befähigungen werden von ihm indes nicht erwartet. Allerdings hat diese schiitische Glaubensrichtung für Deutschland momentan besonderes Gewicht.

Die zaiditisch geprägte Variante der ursprünglich sunnitischen Muʿtazila, einer philosophisch-spekulativen Schule, die ihren Höhepunkt im 9. Jahrhundert erlebte, erfährt gegenwärtig auch unter in Deutschland lebenden Zaiditen eine Renaissance, weil sie der Vernunft sowohl bei der Interpretation des Korans als auch bei der Begründung der Glaubenslehren einen breiten Raum gewährt und dem Gerechtigkeitsdenken einen hohen Stellenwert beimisst.

Die *Siebener-Schiiten* beziehungsweise *Ismaiiliten* haben sich im Laufe der Geschichte mehrfach gespalten. Ihre Hauptrichtung mit dem Aga Khan an der Spitze sieht in diesem den Träger einer göttlichen Lichtsubstanz; Sondergruppen verehren ihn sogar als Gottheit. In ihrer politischen Glanzzeit im 10. Jahrhundert errichteten die Ismailiten von Tunesien aus in Ägypten das Gegen-Kalifat der Fatimiden, gründeten die al-Azhar-Universität und brachten dem Land eine kulturelle Hochblüte. Ihr derzeitiges Oberhaupt, Karim Aga Khan IV., ist der 49. Imam in der Linie der Siebener-Schia. Er setzt das eindrucksvolle soziale Werk fort, das die Ismailîya auszeichnet. Ohne viel Aufhebens davon zu machen, errichten die Ismailiten Schulen, Krankenhäuser und andere soziale Einrichtungen in Afrika, in Afghanistan, im Irak nach dem Krieg und an anderen sozialen Brennpunkten unserer Welt. Von den Ismailiten spalteten sich etliche Religionsgemeinschaften ab, deren bekannteste die *Drusen* und die *Assassinen* sind, die Ende des 11. Jahrhunderts rund 150 Jahre hindurch – bis der Mongolensturm sie hinwegfegte – mit ihren «Selbstmordattentaten» zunächst von Nordpersien und später auch von Syrien aus die sunnitischen Herrscher in Angst und Schrecken versetzten. Ihr syrisches Oberhaupt Raschid ad-Dîn Sinân hat als «der Alte vom Berge» Berühmtheit erlangt.

Wenn man heute von «*der* Schia» spricht, meint man damit gemeinhin die rund 200 Millionen *Zwölferschiiten* beziehungsweise *Imamiten,* die sich vom Irak aus nach Persien hin ausbreiteten, das unter den Safaviden (1501–1722) schiitisiert wurde. Sie ist in Iran – und nur dort – Staatsreligion. Die Schiiten glauben, dass der 11. Imam al-Hasan al-Askarî (865–873) einen Sohn gehabt habe, der 869 geboren sein soll. Dieser 12. Imam, den sie Mohammed al-Mahdî, den Verborgenen Imam, nennen, sei als Kind vor den Häschern des Kalifen in einem Keller in Samarra versteckt worden. Um die Jahreswende 873/74 sei er zunächst in die kleine, im Jahre 941 in die große Abwesenheit entrückt worden, von wo aus er unsichtbar, jedoch immer gegenwärtig, die Geschicke seiner Gemeinde leite. Für die Zeit seiner Verborgenheit obliegt es dem Kollektiv der schiitischen Religionsgelehrten, seine Aufgaben – darunter die Ausrufung des Dschihad – zu übernehmen, bis er künftig nach einem Weltuntergangsinferno als Mahdi wiederkehrt und die ganze Welt dem schiitischen Glauben zuführt. In der Verfassung der heutigen Islamischen Republik Iran ist diese Aufgabenzuweisung in Abwesenheit des entrückten Imams in aller Form verankert.

Alle Imame der Zwölferschiiten stammen in direkter Linie von Mohammed, Ali und dessen Sohn Husain ab. Mit Mohammed und dessen Tochter Fatima bilden die zwölf Imame die unfehlbaren und sündlosen «Vierzehn»; ihre Aussagen haben höchste Bedeutung. Die einstigen Imame, meist reine Theologen ohne politischen Anspruch, gelten ihnen als vollkommene Interpreten des Korans, ohne jedoch selbst eigene Offenbarungen empfangen zu haben, und es heißt, ihnen sei sowohl die Vergangenheit als auch die Zukunft bekannt.

Die schiitischen Hagiographien berichten von der – angeblichen – Ermordung aller Imame. Ihre prachtvollen Schreine im Irak und in Iran sind wunderkräftige Wallfahrtsstätten. Im Volksglauben gilt ein Besuch dieser heiligen Stätten oft mehr als die Pilgerfahrt nach Mekka. Das zentrale schiitische Heiligtum des dritten Imams Husain steht in Kerbela am Euphrat im heutigen Irak. Im Unterschied zum sunnitischen Islam haben die Schiiten eine eigene Leidenstheologie und einen Märtyrerkult entwickelt, der sich vor allem auf das traurige Schicksal Husains konzentriert.

Im Zentrum ihrer Lehre stehen die Passion und das Martyrium ihrer Imame, die durch ihren Tod einen Teil der Sündenschuld der

Gläubigen getilgt haben. Passionsspiele sowie Prozessionen mit Geißlern und Brusttrommlern lassen die gläubigen Männer in den ersten zehn Tagen des Muharram den Schmerz der Imame nacherleben. Der 10. Muharram als Husains Todestag ist der höchste Feiertag der Schiiten. An diesem Tag halten die Muslime in aller Welt – nicht nur die Schiiten – das freiwillige *Aschura*-Fasten, ein möglicherweise vom Judentum überkommenes Ritual.

Eine auch in Deutschland besonders wichtige islamische Sondergruppe sind die türkischen *Aleviten*; denn sie bilden hierzulande mit ihren von der Dachorganisation AABF geschätzen 700 000 bis 800 000 Anhängern die zweitgrößte islamische Religionsgemeinschaft nach den Sunniten. In der Türkei wird ihre Anzahl auf etwa 15–20 Millionen, d. h. 20–25 % der Bevölkerung, geschätzt.

Die Aleviten, die ebenso wie die Alawiten ihren Namen von ihrer besonderen Verehrung des Vetters und Schwiegersohns Mohammeds, Ali, herleiten, führen ihre Anfänge auf Anatolien und Nordiran im 13. bis 16. Jahrhundert zurück. Ihr legendärer Gründer des Derwisch-Ordens der Bektaschiye, Hacı Bektaş Veli, soll 1295, anderen Quellen zufolge 1343, gestorben sein. Wegen ihrer heterodoxen Glaubensvorstellungen und wegen ihrer unglücklichen politischen Orientierung sowohl im Verhältnis zu den schiitischen Safaviden in Iran als auch im Verhältnis zu den Osmanen, die sich dem sunnitischen Islam zuwandten, mußten sie bis in die Gegenwart hinein ihre religiösen Praktiken im Geheimen ausüben. Weil sie sich gruppenweise isolierten, entwickelten sich unterschiedliche Traditionen, die teils noch starke vorislamische Wesenszüge tragen. Lediglich ihr Derwisch-Orden, die Bektaschiye, reüssierte in Verbindung mit der Garde des osmanischen Sultans, den Janitscharen, bis dieser beide Gruppen im Jahre 1826 auf dem Istanbuler Hippodrom unweit der Hagia Sophia (türkisch: *Ayasofya*) wegen ihrer zu großen Machtfülle niedermetzeln ließ.

Die besondere Affinität der Aleviten zu Atatürk, von dessen Politik der Zusammenführung der Bewohner der Türkei auf einer nationalen, laizistischen Grundlage sie sich Anerkennung erhofften, hält bis heute an. Weil sie als Häretiker galten, haben sunnitische Eiferer immer wieder Pogrome gegen die Aleviten durchgeführt. Eine Sonderheit ist die *musahiplik*, «Weggemeinschaft», bei der zwei junge Paare miteinander rituell verbunden werden und von nun an im

Diesseits wie dereinst im Jenseits füreinander da zu sein und gegebenenfalls auch einzustehen haben; diese Bande sind stärker als Blutsbande. Aleviten sind monogam.

Aleviten verstehen sich als Monotheisten. Für sie bildet die Trinität *HakMuhammetAli* eine untrennbare Einheit, die sie verehren und anbeten: Hak bezeichnet den stets liebenden Gott, Mohammed ist sein Prophet und Ali der Auserwählte Gottes, dem die verborgenen Geheimnisse anvertraut sind. Sie glauben, dass Gott die Seele des Menschen aus seiner eigenen heiligen Substanz erschaffen hat und diese nun als heilige Kraft in sich birgt. Das Ideal ist, sich stufenweise zum «vollkommenen Menschen» zu läutern, ein Weg, den auch Sufis einschlagen. Zu den wichtigsten ethischen Werten gehört *rızalık* im Sinne von grundsätzlichem Einvernehmen: mit sich selbst, der Gemeinschaft, der Umwelt, der Natur und mit Gott. Dissonanzen innerhalb der Gemeinde müssen öffentlich aus der Welt geschafft werden, bevor das *cem* genannte Ritual beginnen kann. Die alevitische Lebensethik fordert «die Beherrschung der Hände, der Lende und der Zunge».

Zu den maßgeblichen religiösen Schriften zählt die auch in deutscher Sprache erhältliche Textsammlung «Buyruk» («Das Gebot»), welche die alevitischen Glaubenslehren und Mythen wiedergibt. Der Koran spielt nur eine untergeordnete, die «Fünf Säulen des Islam» und die Scharia gar keine Rolle.

Die Gläubigen halten ihre religiösen Zusammenkünfte an Donnerstagabenden im *cemevi*, dem Gemeindehaus, ab. Die diversen *cem*-Rituale leitet der *dede* beziehungsweise *pir*. Aleviten glauben an die Wiedergeburt. Die Kultsprache ist Türkisch. Musik mit der heiligen *saz* und Gesang sind wesentliche Bestandteile des *cem*. Weil Männer und Frauen gemeinsam den rituellen Tanz zelebrieren – im Übrigen ohne sich zu berühren – wird ihnen von strenggläubigen Muslimen gern unterstellt, sie würden Orgien feiern.

Hasen und Kaninchen sind Tabu-Tiere und dürfen nicht verzehrt werden; Alkoholkonsum ist hingegen erlaubt. Nicht nur der alttürkischen Tradition verhaftete Gruppen verehren bestimmte heilige Quellen und Bäume an heiligen Orten, Gestirne und die aufgehende Sonne und unterscheiden sich damit deutlich vom klassischen Islam.

Eingedenk des Martyriums von Husain im Jahr 680 bei Kerbela wird im Monat Muharram zwölf Tage gefastet. Besondere Verehrung genießt *Hızır* als Frühlingsbote, ranghöchster, unsterblicher Heiliger und verlässlicher Helfer in der Not. Die Gläubigen widmen ihm im Februar, dem «*Hızır*-Monat», beziehungsweise in der «*Hızır*-Woche» mit Fastentagen ein eigenes *cem*-Ritual.

Alevitische Frauen tragen kein Kopftuch und gelten als gleichberechtigt, was sich in der Zusammensetzung der Gemeindevorstände nicht unbedingt widerspiegelt. Die erste Wissenschaftsstelle für das «Alevitentum» wurde 2011 an der Pädagogischen Hochschule in Weingarten geschaffen; die weltweit erste Professur für alevitische Theologie hat seit 2015 an der Hamburger Universität eine Frau inne.

Die Aleviten haben volksnahe berühmte Dichter wie Yunus Emre hervorgebracht. Eine unauslöschliche traumatische Erfahrung war im Jahre 1993 das Niederbrennen eines Hotels in Sivas, wo eine Tagung über den von den Aleviten besonders verehrten klassischen Sufi-Dichter und Sänger des 16. Jahrhunderts, Pir Sultan Abdal, stattfand. Damals kam die Feuerwehr absichtlich zu spät, und der Mob versperrte den Helfern den Weg. 37 überwiegend alevitische Dichter und Musiker kamen dabei ums Leben.

In ihren Selbstfindungsprozessen diskutieren die Aleviten seit Anfang der 1990er Jahre, ob sie überhaupt als Muslime gelten wollen, ob sie gar eine ganz eigenständige Religion bilden oder ob sie lediglich durch eine eigene Lebensphilosophie miteinander verbunden sind. Die Mehrheit der Aleviten versteht sich allerdings inzwischen als eine eigenständige Konfession und Rechtsschule *innerhalb des Islam* neben Sunniten und Schiiten. Um ihre offizielle Anerkennung in der Türkei ringen sie weiterhin und wehren sich gegen Versuche, sie zu «sunnitisieren», indem ihnen Moscheen oder das sunnitische Rechtssystem aufgezwungen werden.

Die Religionsgemeinschaft der *Ahmadiyya* ist im 19. Jahrhundert in Indien entstanden. Ihr Begründer, Mirza Ghulam Ahmad (1835–1908), gilt den Ahmadis als Prophet mit eigenen göttlichen Lehr-Offenbarungen. Diese berühren zwar nicht die rechtlichen Bestimmungen des Islam, aber allein schon die Verehrung eines Propheten *nach* Mohammed sorgt für Konflikte. Vom größten Teil der Ahmadis wird Ghulam Ahmad zusätzlich als der Mahdi, als die endzeitliche Heilsgestalt des Islam, verehrt und darüber hinaus als Verkörperung Jesu und des indischen Gottes Krishna angesehen. Mit der Gründung Pakistans im Jahre 1947 errichteten die Ahmadis dort als ihr neues Zentrum die Stadt Rabwah. Ihr Ausschluss aus dem Islamverbund wurde 1976 zunächst vom pakistanischen Parlament und noch im selben Jahr von der Weltmuslimliga in Dschidda besiegelt, indem man sie zu «Ungläubigen» erklärte *(takfir)*. Seither werden sie von Gruppierungen wie der pakistanischen *Khatm-e Nabuwwat*, den Bewahrern des «Siegels des Prophetentums», intensiv verfolgt und auch immer wieder staatlicherseits bedrängt, insbesondere nach der Einführung des Blasphemiegesetzes von 1986, das für jene, die Gott, den Islam oder den Propheten Mohammed beleidigen oder leugnen, die Todesstrafe vorsieht. Die sehr konservativen Ahmadis halten sich selbst jedoch für «die besten aller Muslime». Deshalb missionieren sie mit großem Engagement, insbesondere unter orthodoxen Muslimen, was ihnen den allerschlimmsten Vorwurf einbringt, als selbst vom Islam Abgefallene auch noch aus wahrhaft Gläubigen Häretiker zu machen. Ihr heutiges Oberhaupt, der V. Kalif ihrer Rechnung, Mazrur Ahmad, wurde im April 2003 im Exil in London gewählt. In Deutschland leben etwa 35 000 Ahmadis. Ihnen gehört auch die älteste erhaltene Moschee in Deutschland, die in den Jahren 1924–1928 in Berlin erbaut wurde. Ihr hiesiges Zentrum ist die Noor-Moschee in Frankfurt am Main, wo sie einen eigenen Fernsehsender betreiben. Darüber, wie viele Ahmadis es weltweit gibt, gehen die Meinungen erheblich auseinander; Schätzungen gehen von mindestens 1 Million aus, wahrend die Ahmadiyya selbst von 15 Millionen Anhängern spricht.

Die *Black Muslims* entstanden Anfang der 1930er Jahre als Protestbewegung gegen das dominante Christentum, die Religion der «blauäugigen Teufel». Elijah Mohammed schuf die straff organisierte, schwarz-rassistische und separatistische *Nation of Islam*, besser bekannt als *Black Muslims*. Er verstand sich als Prophet und erklärte, Gott sei schwarz. Mit dem orthodoxen Islam hatte Elijah Mohammed herzlich wenig zu tun. Er lehnte die «Fünf Säulen», das Herzstück des Islam, grundsätzlich ab, unternahm aber trotzdem noch vor seinem Tod im Jahr 1975 eine Pilgerfahrt nach Mekka. Eine der bekanntesten Figuren war der abtrünnige Malcolm X, der 1965 ermordet wurde. Gegenwärtig leitet Elijahs zum Islam übergetretener Sohn Wallace D. Mohammed, der sich nunmehr Warith Deen Mohammed nennt, die Nation of Islam, die er mehr und mehr dem sunnitischen Islam zuzuführen trachtet. Eine der schillerndsten Gestalten dieser Gruppierung bleibt Louis Farakhan, der die Aufgabe separatistischer Ziele als Verrat an der ursprünglichen Idee ansieht. Sein militanter Antisemitismus brachte ihn in Kontakt mit Islamisten, obwohl auch er seine recht kleine Anhängerschar zunehmend näher an den orthodoxen Islam rückte. Wie viele Anhänger die *Black Muslims* und ihre Sondergruppen heutzutage vor allem in den USA und in Schwarzafrika haben, ist nicht bekannt. Jedenfalls sollte man ihre fortdauernden Aktivitäten nicht unterschätzen, denn alle Richtungen der *Black Muslims* engagieren sich sozial. In den USA und Schwarzafrika sind sie das wichtigste Verbindungsglied zu den unterprivilegierten Schwarzen.

Zur Vielgestalt des Islam gehört auch die mystische Richtung, das Sufitum, mit seinen zahlreichen Derwisch-Orden. Ihnen sind die Fragen 62 bis 64 gewidmet.

## Zentrale Glaubensaussagen der Muslime

### 14. Welches sind die Kernaussagen des Islam?

Islamische Katechismen fassen die Glaubensgrundlagen wie folgt zusammen: Die Muslime glauben an den Einen allmächtigen Gott, der Himmel und Erde erschaffen hat. Der Koran definiert im Kontext der ausführlichen Darlegung der Pflichten, was unter «Frömmigkeit» zu verstehen sei: «Frömmigkeit besteht nicht darin, dass ihr euer Gesicht nach Osten und Westen wendet. Frömmigkeit besteht darin, dass man an Gott, den Jüngsten Tag, die Engel, das Buch und die Propheten glaubt, dass man aus Liebe zu ihm, den Verwandten, den Waisen, den Bedürftigen, dem Reisenden und den Bettlern Geld zukommen lässt und (es) für den Loskauf der Sklaven und Gefangenen (ausgibt), und dass man das Gebet verrichtet und die Abgabe entrichtet. (Fromm sind auch) die, die in Not und Leid und zur Zeit der Gewalt geduldig sind. Sie sind es, die wahrhaftig sind, und sie sind die Gottesfürchtigen» (Sure 2:177). Mit dem erwählten «Buch» ist der Koran gemeint, gelegentlich ist auch von «den Büchern» die Rede, womit die «heiligen Schriften» der Juden und Christen in ihrer vermeintlich ursprünglichen Gestalt gemeint sind. Die Muslime verehren neben den biblischen Propheten wie Adam, Abraham, Noah, Mose, Elias, Hiob und Jesus auch etliche arabische Propheten und als letzten aller Propheten Mohammed.

Mose, Jesus und Mohammed werden besonders hervorgehoben durch die Bezeichnung «Gesandter *(rasûl)* Gottes», weil jeder von ihnen Empfänger einer heiligen Schrift war; namentlich erwähnt werden die Thora mitsamt den Psalmen, das Evangelium und der Koran. Alle drei heiligen Schriften gelten als Kopien des im Himmel befindlichen Urbuchs (*umm al-kitâb*, «Mutter des Buches», oder *al-lauh al-mahfûz*, «wohlbewahrte Tafel»); diese Uroffenbarung wurde auch Adam und Abraham zuteil. Weil die Juden nach islamischer Vorstellung die Thora und Paulus das Evangelium verfälscht haben, erfreuen sich die Muslime der einzig echten Kopie des Urbuchs in Gestalt des Korans.

**15. Trennt oder eint Abraham die «drei monotheistischen Religionen»?** Nichts gilt dem christlich-islamischen Dialog – bzw. unter Einbeziehung der Juden dem Trialog – als förderlicher als der Hinweis auf den gemeinsamen Stammvater Abraham. Tatsächlich wird Abraham in allen drei Religionen eine herausragende Bedeutung zugemessen.

Was das *Judentum* anbetrifft, so schloss Gott mit diesem «Erzvater» den «Abraham-Bund», dessen Zeichen die *Beschneidung* ist (Genesis 17,1–14). Damit öffnete Abraham den Glauben für alle Menschen; denn «in seinem Namen sollen gesegnet werden alle Völker.» (Genesis 12,3; 18,18; 22,18 u. a.) Das bedeutet, dass zwar alle Menschen als Proselyten («Hinzugekommene») dem Judentum inkorporiert werden können, wenn sie sich zu dem einzig wahren Gott bekennen und das Zeichen der Beschneidung annehmen. Als *leibliche Nachkommen* Abrahams gelten im Judentum aber nur «die Kinder Israels», also das aus dessen Enkel Jakob hervorgegangene Zwölf-Stämme-Volk.

Im *Christentum* ist die *Taufe* an die Stelle der Beschneidung getreten als «nicht mit Händen (sondern von Gott selbst) vollzogene Beschneidung» (Kolosser 2,11–13). Alle Menschen können Christen werden, indem sie sich zu Christus bekennen und die Taufe empfangen. Abraham wird zum Vorbild wahren Glaubens, und was ihm von Gott verheißen worden war, hat sich in Jesus Christus erfüllt (Galater 3,6–29; Römer 4). Gottes einstige Segensverheißung an Abraham «und seine Nachkommenschaft» hatte von vornherein Jesus Christus im Blick, in dem sie sich erfüllt hat, so dass alle getauften Christen zugleich «Kinder Abrahams» sind (Römer 4; Galater 3,6–29). Damit hat der «Abraham-Bund» im Christentum sein endgültiges Ziel erreicht, steht aber zugleich allen anderen Menschen offen.

Um den Abraham (Ibrâhîm) des *Islam* ranken sich viele Legenden: Aus der Verbindung Abrahams mit Hagar, der Magd, ging der ersehnte Sohn Ismael (Ismaîl) hervor, auf den Mohammeds Stammbaum zurückgeht. Ihm hatte Gott verheißen, er solle der Stammvater einer großen Nation werden. Abrahams eifersüchtige Ehefrau Sarah jedoch jagte Hagar mit dem kleinen Ismael in die Wüste, nachdem sie selbst nach langer Unfruchtbarkeit Isaak geboren hatte. Ein Engel habe damals die Verdurstenden gerettet, indem er mit der Ferse ein Loch in den Sand bohrte, aus dem frisches Wasser sprang; der Brunnen Zamzam im Heiligen Bezirk von Mekka mit seiner heilenden Wirkkraft soll an dieser Stelle entstanden sein. Es heißt, Abraham und Ismael hätten sich bei Mekka wiedergefunden, die «Grundmauern des Hauses» – gemeint ist die *Kaaba* – als kultisches Zentrum errichtet (Sure 2:127) und dieses rituell gereinigt, nachdem Abraham Gott um Schutz für das unfruchtbare Land – gemeint ist Mekka – gebeten hatte. Abraham, und implizit Ismael, ist der Begründer eines *eigenständigen Kultus'*, der sich insbesondere durch Gebetsrichtung sowie Fasten- und Gebetszeiten und Wallfahrt von demjenigen der Juden und Christen unterscheidet.

Die Kaaba wird auch geradezu als die «Stätte Abrahams» bezeichnet (Sure 3:97), die anzunehmen er von Gott erbat (Sure 2:127–129). Einer zweiten Version zufolge, die einige westliche Wissenschaftler als «Abraham-Legende» bezeichnen, haben Abraham und Ismael sie von den «Götzen gereinigt», wobei möglicherweise an die ursprüngliche Errichtung der Kaaba durch Adam gedacht war, die Abraham «wiederhergestellt» und somit zur *ältesten Kultstätte aller Religionen* gemacht habe. «Und sie sprechen: ‹Werdet Juden oder Christen, so folgt ihr der Rechtleitung.› Sprich (stattdessen): ‹Nein: (wir folgen) der Religionsgemeinschaft (oder «Glaubensrichtung», *milla*) Abrahams, des Gottsuchers (*hanîf*)›, und er gehörte nicht zu den Polytheisten.» (Sure 2:135; für den letzten Teil auch 3:95, vgl. 16:123)

Der in seiner Bedeutung nicht eindeutig festlegbare Begriff *hanîf* wird am besten mit «Gottsucher» (Tilman Nagel) oder mit «Anhänger des reinen Glaubens» (Adel Th. Khoury) beschrieben. Dass Abraham «weder Jude noch Christ» war, sondern ein «muslimischer Hanif, der sein Gesicht (zum Schöpfer) hingewandt hat» (Sure 3:67), ermöglicht die Deutung, Abraham sei «der erste Muslim» gewesen und die abrahamische Urreligion der «Islam». Auch das Wort «muslim» ist nicht eindeutig; es kann sowohl ganz allgemein «der Gottergebene» im Sinne von Monotheist als auch «Anhänger des Islam» bedeuten. Seinen bedingungslosen Gehorsam hat Abraham unter Beweis gestellt, als er ohne Zögern auf Gottes Befehl hin dazu bereit ist, das Leben des Sohnes zu opfern, wie auch sein Sohn sich – anders als im Alten Testament (Genesis 22) – ohne Zaudern diesem Verdikt unterwirft; aber auch im Koran verzichtet Gott auf das Opfer (Sure 37:99). Unklar bleibt, ob wie in der Bibel Isaak oder Ismael geopfert werden sollte, wobei in der Auslegung überwiegend letzterer genannt wird. Gott hat seinen treuen Diener Abraham zu seinem «Freund» beziehungsweise «Vertrauten», *al-Chalîl*, erwählt (z. B. Sure 4:125) und zum Vorbild für die Menschheit gemacht.

Wenn aber von Abraham, dessen Grab ja tatsächlich von Juden, Christen und Muslimen in Hebron verehrt wird, die Pluralität aller drei Religionen ausgegangen sein soll, wie in Dialog-Kreisen gerne erklärt wird, wieso wird er dann selbst – oft gemeinsam mit seinem Sohn Ismaîl – zum Zeugen für die *Abgrenzung* des Islam und für dessen Vorrang gegenüber Judentum und Christentum? Faktisch wird die Abraham-Gestalt von den drei «Buch-Religionen» in derart unterschiedlicher Weise beansprucht, dass sich kein gemeinsamer Nenner finden lässt.

**16. Welches Gottesbild haben Muslime?** Das arabische Wort «Allâh» leitet sich ab von «al-ilâh» und bedeutet «der Gott». Schon in vorislamischer Zeit wurde es als Bezeichnung für einen Hochgott gebraucht. Auch die arabischen Christen beten zu Allâh.

Die *Einheit und Einzigkeit Gottes (tauhîd)* ist das Zentrum islamischer Lehre, wie der erste Teil des Glaubensbekenntnisses zeigt: «Es gibt keinen Gott außer Gott.» Muslime sind demgemäß kompromisslose *Monotheisten*: «1. Sprich: Er ist der Eine Gott, 2. Gott der Absolute (oder: der Souveräne). 3. Er zeugt nicht und ist nicht gezeugt. 4. Und keiner ist ihm gleich.» (Sure 112) Mit aller Entschiedenheit verwahrt sich der Koran immer wieder gegen die Auffassung, Gott könne einen Sohn gehabt haben. Gott ist für die Gläubigen der Schöpfer und Erhalter der Welt. Er ist der gerechte Richter, der am Ende aller Tage die Menschen für ihre Taten zur Rechenschaft zieht.

Gott ist fern und dem Menschen gleichzeitig «näher als seine Halsschlagader» (Sure 50:16). Gott ist abstrakt und wird doch auch anthropomorph beschrieben. Er hat Ohren zu hören (Sure 58:7), er spricht in direkter Rede und setzt sich auf seinen Himmelsthron (Sure 13:2). Die Eigenschaft, die Allâh am häufigsten zugeschrieben wird, ist seine *Barmherzigkeit*. Alle Suren – mit Ausnahme der neunten – beginnen mit der so genannten «Basmala», also mit den Worten «Im Namen Gottes, des Barmherzigen, des Erbarmers». Gott ist der Unerschaffene, der Ewige und die einzige Wirklichkeit. Er ist allmächtig, allgegenwärtig und allwissend. 99 schöne Namen beschreiben Gott, doch der 100. Name bleibt sein Geheimnis; denn letztlich lässt er sich nicht einfangen in Definitionen oder Beschreibungen und ist demnach auch nicht ausrechenbar. So lässt er Gnade walten, wann immer er will; aber er kann sogar richtig trickreich sein und «Ränke» schmieden (Sure 3:54; gelegentlich auch übersetzt mit «Pläne schmieden»); und er «führt in die Irre, wen er will» (Sure 8:30; ferner 7:186). Gott versiegelt selbst die Herzen der Ungläubigen (Sure 4:155), so dass sie dereinst eine furchtbare Strafe zu erwarten haben (Sure 18:57; 32:13 f; 45:23; 6:25). Andererseits hat er aber den Menschen mit dem Koran die «Rechtleitung» *(hudâ)* geschenkt, damit sie seinen Willen erkennen und nicht auf Abwege geraten.

Auch wenn immer nur von den 99 schönen Namen Gottes die Rede ist, finden sich im Koran sogar 102 Namen oder Eigenschaften Allâhs. Einige davon sind zum Beispiel in Sure 59:22–24 aufgelistet. Dabei mag die Ansicht, Gott sei «schön», einen Nicht-Muslim befremden; den hochberühmten muslimischen Gelehrten Ibn al-Arabî (gest. 1240) hat sie sogar auf den – allerdings gemeinhin nicht akzeptierten – Gedanken gebracht, folglich müsse Gott eine Frau sein.

Den Widerspruch, dass einerseits der Lebenslauf eines jeden Menschen vorherbestimmt sein muss, wenn Gott alles vorhersehen kann und sich niemals irrt, während andererseits die auferlegten Gebote und Verbote ein selbstbestimmtes Handeln des Menschen verlangen, löst der Koran nicht auf, so dass Unvereinbares nebeneinander steht. Erst spätere muslimische Theologen und Philosophen haben intensiver über das Verhältnis zwischen Prädestination und Willensfreiheit nachgedacht. Die Frage nach der Gerechtigkeit Gottes angesichts des Übels in der Welt blieb im Islam dagegen ein Tabuthema, weil sie zu stellen als unverzeihbarer Zweifel an der göttlichen Vorsehung und Allmacht gilt.

Die *Liebe*, die Gott den Menschen zuteil werden lässt, wird im Koran lediglich zwölfmal erwähnt. Dabei ist seine Liebe fast ausschließlich an

Bedingungen geknüpft wie «Gott liebt diejenigen, die Gutes tun» oder «Gott liebt die Gottesfürchtigen». Ansonsten wird die Liebe Gottes zu den Gläubigen eher negativ formuliert wie «Gott liebt nicht die Ungerechten» oder «Gott liebt nicht diejenigen, die Böses tun». Gott droht auch, wenn sich «ein Volk» von ihm abwende, setze er an seine Stelle ein anderes Volk, «das ihn liebt und das Er liebt» (Sure 5:54).

Der Gott der orthodoxen Muslime ist – dem Koran nach zu urteilen – also nicht prinzipiell «der Gott der Liebe», schon gar nicht der Vater, der aus Liebe zu den Menschen seinen Sohn für sie dahingegeben hat, wie die Christen ihn sehen. Thema des Korans ist eher die *Liebe der Menschen zu Gott.* Insbesondere die Sufis pflegen ein ganz persönliches Verhältnis zu Gott, das dieser liebend erwidert (siehe Frage 59).

**17. Wie kam das Böse in Gottes gute Welt?** Dem Koran zufolge ist Iblîs als Verursacher des Bösen ein gefallener Engel. Als Gott den Engeln ankündigte, er wolle für sich einen Sachwalter auf der Erde einsetzen, warnten sie ihn vor den Folgen: «Willst du auf ihr [der Erde] einen einsetzen, der auf ihr Verderben anrichtet und Blut vergießt?» Sie hielten die Erschaffung des Menschen für völlig überflüssig, weil sie selbst doch schon immerwährend Gottes Lobpreis singen. Aber Gott, der auch alles das weiß, was die Engel nicht wissen können, schuf dennoch Adam und lehrte ihn die Namen aller Dinge, was bedeutet, dass er ihm Macht über sie gab. Anschließend forderte Gott die Engel auf, die Namen der Dinge, auf die er wies, zu sagen; aber sie waren nicht dazu in der Lage. Daraufhin hieß er Adam, sie ihnen beizubringen, und er befahl den Engeln, sich vor Adam niederzuwerfen. Nur Iblîs weigerte sich und wurde so zum Ungläubigen (Sure 2:30–34; vgl. u. a. auch 15:26–48).

Gott gegenüber nannte Iblîs als Gründe für seinen Hochmut: «Ich bin besser als er (= der Mensch)! Mich hast du aus Feuer erschaffen, ihn aber nur aus Lehm!» (Sure 38:77; 17:61; vgl. u. a. 15:26) Fortan ist der Satan ein «Verworfener», auf dem Gottes Fluch lastet. Er bekommt von Gott allerdings den von ihm erbetenen Aufschub, bis zum Jüngsten Tag existieren zu dürfen (z. B. Sure 38:70–85). Bis dahin wird er die Menschen – mit Ausnahme der von Gott erwählten «Diener» – nach Kräften verführen und die Hölle mit ihnen füllen: «Weil du mich hast abirren lassen, werde ich, ich schwöre es, ihnen auf deinem geraden Weg auflauern. Dann werde ich zu ihnen treten von vorn und von hinten, von ihrer rechten und von ihrer linken

Seite. Und du wirst die meisten von ihnen nicht dankbar finden.» (Sure 7:16 f; 38:78–87)

Das theologische Problem aber bleibt, wie Gott selbst, der den Engel Iblîs doch verflucht hat, mit dem Bösen umgeht. Denn Gott lässt das Böse, die Versuchung durch den Satan, nicht nur zu, sondern fördert sie sogar aktiv: «Sie sind es, deren Herzen Gott versiegelt hat und die nur ihren Gelüsten folgen.» (Sure 47:16; ferner Sure 22:53)

Der berühmte Sufi und hierzulande als Theologe viel zu wenig beachtete al-Hallâdsch (922 hingerichtet) hat die Tragödie des Satans auf seine Weise nachgezeichnet: Der Teufel akzeptiert aus seiner unendlich großen Liebe zu Gott die ihm von diesem zugeteilte unselige Rolle des Verführers, damit der göttliche Heilsplan gelingen kann, und nimmt damit bewusst das Schicksal der Verdammnis auf sich. Am Ende bleibt für ihn allein die Hoffnung, dass seine Höllenpein nicht ewig sein werde.

**18. Welches Menschenbild haben die Muslime?** Dem Islam gelten die Menschen prinzipiell als gut; denn wie anders könnte Gott seine Geschöpfe geschaffen haben? Doch sie sind schwach und erliegen nur allzu leicht den Einflüsterungen des Satans. Muslime tragen nicht die Last der Erbsünde, wie sie die Christen seit dem 4. Jahrhundert aufgebürdet bekamen. Sunnitische Muslime sind für ihre Taten stets selbst verantwortlich und werden deshalb im Endgericht auch individuell zur Rechenschaft gezogen. Die Zwölferschiiten hingegen kennen zusätzlich eine Teilerlösung durch ihre Imame, die durch ihr einstiges Martyrium den Gläubigen einen Teil ihrer Sündenlast abgenommen haben.

Im Verhältnis zu Gott ist der Mensch ein *abd*, was vor allem «Knecht» bedeutet. Die Wiedergabe dieses Begriffes mit «Diener» würde das starke Abhängigkeitsverhältnis, die totale Unterwerfung unter Gottes Willen und den absoluten Gehorsam Gott gegenüber nicht hinreichend zum Ausdruck bringen. Dass gerade in dieser Ergebenheit die Freiheit des gläubigen Muslims liege, betonen Muslime gerne. Gott hat dem Menschen auch eine große Verantwortung auferlegt. Denn er soll seine Schöpfung bewahren als Gottes *chalîfa* (Sure 2:30). Dieser arabische Begriff ist in seiner ursprünglichen Bedeutung wohl als «Nachfolger» für die Engel zu verstehen (siehe Frage 62). Für die meisten muslimischen Theologen ist der Mensch jedoch «Sachwalter»; einige Übersetzer des arabischen Begriffs betrachten den Menschen gar als «Stellvertreter Gottes». Dieses Verständnis von *chalîfa* begründet heutzutage im Islam sogar den Einsatz des Menschen für den Umweltschutz. Die nicht hinterfragbare Unterwerfung des Menschen unter Gottes Willen hat allerdings auch erhebliche Konsequenzen. Sie lähmt weitgehend das eigenständige Denken und fördert den absoluten Gehorsam, eine Kombination, die fatale Folgen haben kann, weil der Vernunft niemals Raum für gegebenenfalls Koran-widrige Entscheidungen eingeräumt werden darf (siehe Frage 91).

**19. Was geschieht mit Muslimen nach ihrem Tod?** Muslime glauben an die *leibliche Auferstehung* des Menschen und an die künftige Wiedervereinigung ihres Körpers mit der Seele, die beim Tod dem Sterbenden aus seinem Munde entwichen ist.

Sobald Muslime beerdigt worden sind, müssen sie sich einer Art *Zwischengericht* unterziehen (Sure 23:100), das einige Islamwissenschaftler als «Purgatorium» oder als «Fegefeuer» bezeichnen. Die in den Hadithen namentlich genannten, schrecklich anzusehenden blau-grünen Totenengel Munkar und Nakîr befragen den Verstorbenen, wer sein Herr sei, wer sein Prophet, welche seine Religion und was sein heiliges Buch. Anschließend werden ihm seine guten und seine bösen Taten vor Augen geführt. Hat der Fromme die Fragen richtig beantwortet und überwiegen die guten Taten, wird ihm der ihm zunächst zugedachte Ort in der Hölle gezeigt, dann sein nunmehr errungener Platz im Paradies.

Das Ende aller Zeiten wird durch einen Trompetenstoß des Engels Israfil eingeleitet: «Wenn der Himmel sich spaltet. Und wenn die Sterne zerstieben. Und wenn die (Süß- und Salz-) Wasser sich vermischen. Und wenn die Gräber umgewühlt werden: dann weiß die Seele, was sie getan und was sie unterlassen hat.» (Sure 82:1–5) Im Endgericht entscheidet Gott über ihr weiteres Schicksal, nachdem die Engel das Buch vorgelegt haben, in dem sie alle Taten und Untaten eines jeden Menschen aufgeschrieben und gewichtet haben: «Und die, deren Waagschale (mit den guten Taten) schwer ist – diese sind es, denen es wohlergehen wird. Deren Waagschale (mit den guten Taten) jedoch leicht ist – diese sind es, die ihre Seelen an die Hölle verloren haben, für immerdar.» (Sure 23:102 f) Anschließend gehen die Menschen über eine Brücke, so fein wie ein Haar, die über die Hölle gespannt ist. Die ersten, die sie überqueren, sind die Propheten, gefolgt von den Gläubigen. Die Geschwindigkeit, mit der die Frommen die Brücke passieren dürfen, richtet sich danach, wie stark ihr Gottvertrauen einst gewesen ist. Die Gottlosen purzeln jedenfalls haltlos hinab in die Hölle: «Wie geschmolzenes Erz wird es in den Bäuchen brodeln, wie das Brodeln von siedendem Wasser. ‹Packt ihn und schleift ihn mitten in die Flammen der Hölle. Dann gießt die Qual des siedenden Wassers über sein Haupt!›» (Sure 44:45–48) Sieben Zugänge gibt es zu den Etagen der Hölle, so wie auch der Himmel siebenstöckig gedacht ist, und jedem wird der Ort zugewiesen, der ihm zugedacht ist (Sure 15:44). Die Meinung islamischer Theologen geht dahin, dass die ärgsten Sünder in der untersten Hölle schmoren müssen, während die Frömmsten in die strahlend hellen obersten Himmel gelangen.

Märtyrer gehen nach dem Tod samt ihrem blutigen Hemd *direkt* in das Paradies ein, wo zahlreiche Jungfrauen, die «Huris», auf sie warten. «Gekleidet werden sie in Seide und Brokat.» (Sure 33:53) Im Paradies «fließen Ströme von Wasser, das nicht verdirbt, und Ströme von Milch, deren Geschmack sich nicht ändert, und Ströme von Wein, köstlich für die Trinkenden, und Ströme von geklärtem Honig. Und dort finden sich allerlei Früchte sowie Verzeihung von ihrem Herrn.» (Sure 47:15) Die höchste aller Wonnen aber wird ihnen zuteil werden, wenn sie das Antlitz Gottes schauen. Für solch ein Paradies lohnt es sich, jegliche Strapazen auf sich zu nehmen.

**20. Was ist ein Mahdi?** Der Mahdi (*al-mahdî*, «der Rechtgeleitete») ist eine endzeitliche Heilsgestalt, die in der islamischen Volksfrömmigkeit eine große Rolle spielt. Im Koran ist allerdings von einer derartigen messianischen Person noch nicht die Rede. «Al-Mahdî» ist hier ein ehrenvoller Titel für Propheten wie Abraham, Mose und Mohammed. Vor allem in Zeiten politischer, wirtschaftlicher und sozialer Wirren und heftiger Glaubensirritationen entwickelte sich die Vorstellung, nach einer Zeit des Chaos und des Unglaubens werde dereinst der Mahdi kommen, um die Erde zu befrieden. Dann werde er den betrügerischen *Daddschal,* den so genannten «Anti-Christ», bekämpfen und obsiegen, alle Menschen dem Islam zuführen und ein tausendjähriges Reich der Gerechtigkeit und des Wohlstands errichten, an dessen Ende das Jüngste Gericht stattfinden solle.

Im *sunnitischen* Islam ist die eschatologische Heilsgestalt nicht auf den «Mahdi» fixiert, sondern gelegentlich tritt auch der islamische

Prophet Jesus an seine Stelle, oder man erwartet beide gleichzeitig als Vorboten des Endgerichts. Im *schiitischen* Islam ist dagegen der Glaube an die Wiederkehr des verborgenen zwölften Imams Mohammed al-Mahdi, der unerkannt auf der Erde weilt, so zentral, dass er Eingang in die gegenwärtig gültige Verfassung der Islamischen Republik Iran von 1979 gefunden hat. In Artikel 5 wird der verborgene Imam als eigentliches Staatsoberhaupt genannt, in dessen Vertretung die weltliche Regierung so lange agiert, bis er – «möge Gott seine Wiederkunft beschleunigen!» – die Herrschaft übernimmt.

Die islamische Geschichte kennt zahlreiche, um nicht zu sagen zahllose bedeutende und unbedeutende Mahdis. Die Mahdi-Vorstellung war bereits Ende des 7. Jahrhunderts unter jüdisch-christlichem Einfluss entstanden, als man sich in Zeiten der Unruhen nach dem Erretter aus aller Not sehnte. Einige Umayyaden-Herrscher, auch des spanischen Kalifats, wie zudem die ersten Abbasiden-Kalifen ließen den Gedanken zu, sie selbst seien der Mahdi; einer unter ihnen gab sich sogar offiziell den Namen «al-Mahdi», wobei er tatsächlich besonders fromm und spendenfreudig gewesen sein soll. Selbsternannte Mahdis begründeten Dynastien wie die der Fatimiden in Ägypten unter Ubaidallâh (gest. 934) oder die der Almohaden in Nordafrika und Spanien mit Ibn Tûmart (1077–1130) als Stammvater. In die Mahdi-Rolle schlüpften immer wieder Personen, um die sich chiliastische Bewegungen entwickelten. Sie traten als «Erlöser» der sozial, ethnisch und rassistisch Unterdrückten und Unterprivilegierten auf. Ein Beispiel dafür ist die sudanesische aufständische Mahdi-Bewegung unter dem Ordensanhänger Mohammed Ahmad ibn Abdallah (1843–1885), der sich zunächst gegen die türkisch-ägyptische ethnische »Fremd»-Herrschaft auflehnte, 1885 Khartum eroberte und schließlich selbst einen Staat gründete, der allerdings bereits 1898 von der britischen Kolonialmacht zurückerobert wurde. Weitere Mahdi-Aufstände in Afrika schlossen sich damals an. Auch die Baha'is und die Ahmadis scharten sich anfangs um einen Mahdi, der sie allerdings ganz eigene religiöse Sonderwege führte.

## Der Koran und die Sunna

**21. Von wem stammt der Koran?** Die Muslime glauben, dass der Koran dem Propheten Mohammed durch den Engel Gabriel in arabischer Sprache offenbart wurde und Gottes authentisches Wort ist. Das bedeutet, dass jedes einzelne Wort und jeder Buchstabe ihrer heiligen Schrift direkt von Gott kommt und verbalinspiriert ist. Demnach ist der Koran unverfälscht, unveränderbar und ewig gültig. Er ist die *Rechtleitung* für alle Menschen und enthält sämtliche Anweisungen und Hilfen, die sie benötigen, um ein Gott wohlgefälliges Leben führen zu können. Nichtmuslimische Wissenschaftler dagegen betrachten den Koran als eine von Mohammed verfasste Schrift. Jüngste Forschungen, insbesondere von den Arabisten Christoph Luxenberg und Gerd-Rüdiger Puin, werfen einen kritischen neuen Blick auf die Entstehungsgeschichte des Islam und insbesondere auf das Verhältnis zum frühen Christentum.

Aufgezeichnet wurden – so die islamische Tradition – die Offenbarungen auf den unterschiedlichsten Materialien von Anhängern Mohammeds, die des Schreibens mächtig waren. Es gilt als möglich, dass Mohammed selbst bei der Kompilation der einzelnen Suren mitgewirkt hat, eine Aufgabe, die islamischer Geschichtsschreibung zufolge unter dem ersten der vier rechtgeleiteten Kalifen, Abu Bakr (632–634), erfolgt ist, während die Endredaktion unter dem dritten Kalifen Uthmân (644–656) stattgefunden haben soll. Es heißt, er habe sieben Kopien des Korans in die Zentren des islamischen Territoriums verschickt. Soweit man der Koranhandschriften, die nach dieser letzten Redaktion entstanden, noch habhaft werden konnte, vernichtete man sie, um möglichst nur eine einzige Textversion tradieren zu können. Einige ältere Exemplare haben insbesondere im jemenitischen Sana dennoch überdauert; man wird hoffentlich nicht mehr allzu lange auf die wissenschaftliche Auswertung warten müssen, an der unter anderen der Professor für Literatur und Humanwissenschaften Ben Abdeljelil in Tunis arbeitet. Eines jedenfalls ist sicher: Heute stützt sich die gesamte islamische Welt auf die erste gedruckte Ausgabe aus Kairo aus den Jahren 1923/24.

**22. Wie ist der Koran aufgebaut?** Das Wort *qur'ân* bedeutet sowohl «Rezitation» als auch «Lesung». Der Koran besteht aus 114 Suren, die mit geringfügigen Ausnahmen von der längsten bis zur kürzesten hintereinander geordnet sind. Allen anderen vorgeschaltet ist die «Fâtiha» als knappe «Eröffnungs»-Sure. Die Suren sind in Verse *(ayât)* unterteilt. Die ältesten, meist wenig umfangreichen Suren in pathetisch-lyrischer Sprache stammen aus der Zeit in Mekka, alle weiteren Texte, die sich auf die theologische, politische und juristische Situation der Gemeindebildung beziehen, entstanden in Medina. Thematisch weitgehend in sich geschlossen sind außer den meisten Suren aus Mekka nur wenige, etwa die 12. Sure «Joseph», der Hauptbestand der 19. Sure «Maria» oder der erste Teil der 4. Sure «Die Frauen». Ansonsten sind die Suren aus kleineren Einheiten zusammengefügt, die inhaltlich kaum miteinander verknüpft sind.

**23. Wie geht man mit dem Koran richtig um?** Der Koran muss von Muslimen als «das heilige Buch» mit allergrößter Ehrfurcht behandelt und in Ehrerbietung geküsst werden. Man darf ihn nur nach der kleinen Waschung, also mit rituell gereinigten Händen, berühren, es sei denn, er ist mit einer Hülle versehen und so vor direktem Kontakt geschützt. Frauen dürfen den Koran während ihrer Menstruation und in den vierzig Tagen nach der Geburt nicht anfassen, weil sie dann als «unrein» gelten. Man darf den Koran auch nicht auf den Fußboden legen und sollte ihn in einem Koranständer, auf jeden Fall aber oberhalb der Kopfhöhe eines stehenden Menschen aufbewahren, etwa in einem hoch angebrachten Regal. Einen Koran absichtlich zu beschädigen oder gar zu zerreißen kommt einer Kränkung Gottes und damit der Gotteslästerung gleich; ein Koranexemplar gilt schließlich als konkret gewordenes, in zwei Buchdeckel eingebundenes Wort Gottes.

**24. Darf der arabische Koran in andere Sprachen übersetzt werden?** Während längst Koranübersetzungen in fast allen Sprachen in vielmillionenfacher Ausfertigung vorliegen, diskutieren muslimische Theologen nach wie vor, ob eine adäquate Übersetzung überhaupt möglich sei. Diese Einstellung hat in der Türkei dazu geführt, dass noch Mitte des 20. Jahrhunderts türkischsprachige Koranübersetzungen nur in Faszikeln veröffentlicht wurden, um den Anschein zu vermeiden, man könne den Koran als Ganzen in eine andere Sprache übertragen. Häufig umranden Übersetzungen den arabischsprachigen Urtext; nur diesen darf man rezitieren und auswendig lernen.

Tatsächlich sind nicht alle Lesarten der einzelnen Koranverse eindeutig gesichert, was das Übersetzen erschwert. In der Anfangszeit des Islam verwendete man eine Schrift ohne diakritische Zeichen mit dem Effekt, dass man zum Beispiel einen kleinen Haken mitten in einem Wort fünf Buchstaben, nämlich «n», «t», «th», «b» und «y», zuordnen kann. Deshalb sind für einzelne Verse mehrere akzeptierte Lesarten bekannt, die aber inhaltlich in keinem wesentlichen Widerspruch zu dem letztlich kodifizierten Exemplar stehen.

Der Koran enthält so genannte *dunkle* Stellen, deren ursprünglicher Sinn sich sogar den kenntnisreichsten muslimischen Gelehrten bislang nicht eindeutig erschlossen hat. Die Berücksichtigung syroaramäischer Einflüsse auf das damals in Mekka und Medina gesprochene Arabisch kann nach den jüngsten westlichen Forschungen, die auch unter Wissenschaftlern in der islamischen Welt auf großes Interesse stoßen, Licht in manches Dunkel bringen.

Eine weitere Schwierigkeit bei den Übersetzungen ergibt sich daraus, dass bestimmte Koranverse abrogiert und durch neue Offenbarungen ersetzt wurden. «Was Wir euch an Versen aufheben oder in Vergessenheit fallen lassen, Wir bringen bessere oder gleichwertige dafür. Weißt du nicht, dass Gott über alle Dinge Macht hat?» (Sure 2:106) Das betrifft zum Beispiel auch die «Satanischen Verse» (Sure 53:19–22), die eine möglicherweise vorübergehend akzeptierte Verehrung der drei Töchter des Hochgottes Hubal als Göttinnen voraussetzen; sie wurden als Einflüsterung des Teufels (vgl. Sure 22:52) verstanden und in den Folgeversen 53:22–27 aufgehoben. Diese unter islamischen Theologen umstrittene Geschichte inspirierte Salman Rushdie zu seinem gleichnamigen Roman.

Das Arabische des Korans ist «heilige Sprache». Hervorragende Koranrezitatoren genießen als Künstler sehr hohes Ansehen in allen Bevölkerungsschichten. Allein schon die unübertreffliche sprachliche Schönheit des Korans, dargeboten im Wohlklang der Rezitationen, soll Ungläubige dazu bewogen haben, den Islam anzunehmen, selbst wenn sie des Arabischen gar nicht mächtig gewesen seien. Den Koran zu rezitieren, ist bereits eine gottesdienstliche Handlung, die Gott wohlgefällig ist. Wenn ein Kind oder ein Erwachsener den gesamten Koran fehlerfrei wiedergeben kann, erhält er oder sie deshalb den Ehrentitel *hâfiz* bzw. *hâfiza* als jemand, der oder die ihn «vollkommen im Gedächtnis bewahrt».

**25. Welche Koranübersetzungen sind empfehlenswert?** Wissenschaftlich grundsolide sind die Koranübersetzungen von Rudi Paret sowie von Adel Theodor Khoury, der neben einer einbändigen, durch Stichwörter und einige Hadithe erweiterten Ausgabe vor allem eine kommentierte zwölfbändige Ausgabe herausbrachte, schließlich 2003 auch eine sehr hilfreiche einbändige kommentierte arabisch-deutsche Edition. Grundlage vieler deutscher Koranausgaben ist die Übersetzung von Max Henning, die auch Muslime akzeptieren; auf ihr basieren die Koranausgaben von Kurt Rudolph und Ernst Werner, von Annemarie Schimmel, von Murad Wilfried Hofmann und von Achmed Schmiede als Publikation der Türkischen Religionsstiftung in Ankara. Die islamische Sicht vertreten ferner deutsche Koranausgaben von Ahmad von Denffer sowie von Nadeem Elyas, die 2002 «unter Aufsicht des Ministeriums für islamische Angelegenheiten, Stiftungen, Daʿwa (d. h. Mission) und Rechtweisung» in Medina/Saudi-Arabien gedruckt und vom Zentralrat der Muslime in Deutschland (ZMD) kostenfrei verbreitet wird. Es gibt allerdings noch einige weitere Übersetzungen. Sehr gut lesbar sind die in eine theologische Darstellung des Islam eingebetteten *Surenabschnitte* in «Der Koran. Einführung – Texte – Erläuterungen» von Tilman Nagel sowie die Koranübersetzung von Hartmut Bobzin.

Abu-r-Ridâ' Rassoul hat außer seiner Koranübersetzung unter dem Titel «Lan Tabur» einen *Themenkatalog* mit 1570 Stichwörtern und den dazugehörigen Koranstellen ins Deutsche übertragen und damit auch den Laien ein sehr nützliches Hilfsmittel an die Hand gegeben.

Auch im Internet werden deutsche Koranausgaben angeboten; oft kann man dazu Stichwörter eingeben, die zu dem gewünschten Text führen.

Wer sich ernsthaft mit Koranübersetzungen auseinandersetzen will, ohne Arabisch zu können, sollte sich die Mühe machen und mehrere Übersetzungen miteinander vergleichen. Hierzu kann man auch Synopsen im Internet finden. Das Ergebnis wird in der Regel überraschen. Übersetzungen können tendenziös sein; so führt zum Beispiel Nadeem Elyas zum Nachweis der göttlichen Forderung nach einer Kopfbedeckung für Lehrerinnen an deutschen Schulen den Begriff «Kopftuch» statt «Tuch» ein.

Bei einem Vergleich muss man beachten, dass in einigen Ausgaben die Eingangsfloskel nicht mitgezählt wird und einzelne Versabtrennungen unterschiedlich sind, wodurch sich Texte um einen oder mehrere Verse verschieben können.

**26. Was ist die Sunna?** «Der Islam steht auf zwei Beinen», erklärte ein muslimischer Theologe die Bedeutung von Koran und Sunna. Die Sunna umfasst – ergänzend zum Koran – die Aussagen Mohammeds sowie Berichte über seine Handlungsweisen und stillschweigenden Billigungen, die man in «Hadith-Sammlungen» zusammengetragen hat. Die kurzen Beispielgeschichten dieser Traditionssammlungen, oft Antworten Mohammeds auf Fragen seiner Anhänger, nennt man Hadith. Die Begriffe «Sunna» und «Hadithe» sind faktisch austauschbar. Auch die Mohammed-Biographie, die «Sira», bietet Verhaltensregeln. Die herausragende Stellung Mohammeds wird durch zahlreiche Koranverse legitimiert: «Sprich: Gehorcht Gott und dem Gesandten» (z. B. Sure 3:31; 3:132); «Wer dem Gesandten gehorcht, der hat Gott gehorcht» (Sure 4:80), oder: «Und was euch der Gesandte gibt, das nehmt an, und was er euch verwehrt, davon lasst ab.» (Sure 59:7)

Manche *sunnitischen* Gelehrten ziehen bei Unklarheiten zusätzlich überlieferte Aussagen der ersten so genannten «vier rechtgeleiteten Kalifen» Abu Bakr, Umar, Uthmân und Alî hinzu, während die *Zwölferschiiten* lediglich Letzteren gelten lassen und obendrein noch die Aussprüche ihrer unfehlbaren Imame als gleichwertige Hadithe anerkennen.

Die Gelehrten Bukhârî, Muslim, Da'ûd und Nisa'î – um die bedeutendsten Kompilatoren von Hadithen zu nennen – haben alles, was Mohammed betraf, zusammengetragen, wobei sie sorgfältig darauf achteten, ob die Tradenten zuverlässig waren und ob die Tradenten-Kette *(isnâd)* tatsächlich auf Mohammed oder zumindest jemanden aus seinem engsten Umfeld zurückging. Auf inhaltliche Kriterien wurde bei dieser Sammelarbeit weniger Wert gelegt.

Zu manchen Themenkomplexen gibt es mehrere, nebeneinander bestehende Traditionen, die sich gelegentlich auch widersprechen können. Adel Theodor Khoury hat in seinem Buch «So sprach der Prophet» Hadithe aus den verschiedenen Sammlungen zu allen relevanten Themen zusammengestellt und übersetzt, so dass sie jedem Interessierten leicht zugänglich sind.

## Glaubenspraxis

**27. Was sind die «Fünf Säulen des Islam»?** Die «Fünf Säulen (auch Pfeiler oder Pflichten genannt) des Islam» sind das Glaubensbekenntnis *(schahâda)*, das rituelle Gebet *(salât)*, das Fasten im Monat Ramadan *(sawm, saum)*, die Sozialabgabe *(zakât)* und die Pilgerfahrt nach Mekka *(haddsch)*. Sie bilden das Herzstück des Islam. Alle religiös volljährigen Männer und Frauen sind verpflichtet, diese Rituale durchzuführen. Frauen dürfen allerdings während ihrer Blutungen (Menstruation und 40 Tage nach der Geburt eines Kindes) nicht am Gebet teilnehmen, keine Moschee betreten, nur eine verkürzte Pilgerfahrt, die Umra, vollziehen, ja nicht einmal den Koran berühren. Auf keinen Fall darf unter den Pflichten die Gesundheit leiden. Ist es den Gläubigen nicht möglich, zu fasten oder zu beten, müssen die versäumten Tage *nachgeholt* werden. Ist auch dies nicht möglich, so sind im Falle des Fastens *Ersatzhandlungen* vorgesehen, z. B. die Speisung armer Muslime oder Geldspenden für Notleidende, wobei hierzulande an einen Beitrag von etwa 5 Euro pro Tag gedacht ist, falls dies finanziell überhaupt zu leisten ist. Denn ganz grundsätzlich gilt im Islam, dass das Ableisten der Pflichten nicht *zu* beschwerlich sein darf.

Damit der immer gleiche Ablauf der Riten nicht zur bloßen Formalität wird, muss laut oder in Gedanken die *nîya*, die «Absichtserklärung» formuliert werden, etwa mit den Worten: Ich möchte jetzt das Abendgebet verrichten. Bei der Ausübung der Riten ist auf die peinlich genaue Einhaltung der Vorschriften zu achten, weil selbst die kleinste Abweichung deren Wirkkraft zunichte machen würde.

Die gemeinsame religiöse Erfahrung stärkt die Solidarität der Muslime untereinander und damit die Umma. Sie überwindet alle rassischen, nationalen, ethnischen und sozialen Schranken. Denn vor Gott sind nach dem islamischen Selbstverständnis alle Gläubigen gleich.

**28. Warum sind fromme Muslime besonders reinlich?** Schon die islamischen Religionsschulbücher enthalten eigene Kapitel über die Bedeutung der Reinlichkeit im Islam. Weil man Gott nur im Zustand ritueller Reinheit dienen darf, sind Waschungen nach genau vorgeschriebenem Ritus nötig. Es gibt viele Gründe für eine rituelle Verunreinigung. So müssen sich Muslime nach jeglichem

Kontakt mit Körpersekreten reinigen. Das Freitagsgebet erfordert die Ganzkörperwaschung, das rituelle Gebet, das fünfmal am Tag zu verrichten ist, hingegen nur die Teilwaschung. Ein Hadith besagt: «Wenn einer sich reinigt und dabei die Waschungen richtig vollzieht, verlassen die Sünden seinen Leib, bis sie unter seinen Fingernägeln herauskommen.»

**29. Wie lautet das Glaubensbekenntnis?** Im Vergleich mit dem christlichen Glaubensbekenntnis ist die islamische *schahâda* knapp und einfach: «Es gibt keinen Gott außer Gott; Mohammed ist sein Gesandter.» *(lâ ilâha illâ 'llâh, Mohammadun rasûlu 'llâh.)* Diese Formel wird gelegentlich erweitert durch den Zusatz «dass Mohammed sein Gesandter und sein Knecht» (*wa ʿabduhu)* ist. Die Schiiten fügen an, «und dass Ali sein Freund ist». Die negative Formulierung – möglicherweise der Einfluss von Deuteronomium 6,4 – dürfte auch als Gegenposition zum Polytheismus, vielleicht sogar als Reaktion auf orientchristlichen Dogmenstreit zu verstehen sein. Das Glaubensbekenntnis ist Teil des rituellen Gebets und des Gebetsrufs (*adhân*, türkisch: *ezan*). Es wird dem Neugeborenen bei der Namensgebung ins Ohr geflüstert. Mit dieser Bezeugung des Glaubens gehört man unwiderruflich der islamischen Religionsgemeinschaft an.

**30. Warum ist das Gebet in der Gemeinschaft mehr wert als ein Beten im stillen Kämmerlein?** Das rituelle Gebet wird von allen Muslimen in Richtung Mekka gesprochen. Fünfmal am Tag sagen Muslime in der ganzen Welt dieselben arabischsprachigen Texte auf, begleitet von denselben Gesten. Als ihr fester Bestandteil dürfte die 1. Sure, die *Fâtiha*, das meist gesprochene Gebet der Welt sein: «1. Im Namen Gottes, des Erbarmers, des Barmherzigen! 2. Lob sei Gott, dem Herrn der Welten, 3. dem Erbarmer, dem Barmherzigen, 4. dem Herrscher am Tage des Gerichts! 5. Dir dienen wir und zu Dir rufen wir um Hilfe. 6. Leite uns den rechten Pfad, 7. Den Pfad derer, denen Du gnädig bist, nicht derer, denen Du zürnst und die irregehen.»

Das rituelle Gebet dauert fünf bis zehn Minuten, je nachdem, ob freie Gebete *(duʿâ)* in die Pflichtgebete einfließen; das mittägliche Freitagsgebet erstreckt sich etwa über eine Stunde. Die Liste der Verhaltensweisen, die ein Gebet ungültig machen können, ist im Laufe der Jahrhunderte immer länger geworden. Der Koran gibt Folgendes vor: «O ihr, die ihr glaubt, kommt nicht zum Gebet, während ihr betrunken seid, bis ihr wisst, was ihr sagt, und auch nicht sexuell verunreinigt – es sei denn, ihr geht (zufällig) vorbei –, bis ihr euch gewaschen habt. Und wenn ihr krank oder auf Reisen seid, oder wenn einer von euch vom Abort kommt oder wenn ihr die Frauen berührt habt und ihr kein Wasser findet, dann sucht einen sauberen Boden und streicht euch über das Gesicht und die Hände. Gott ist voller Verzeihung und Vergebung.» (Sure 4:43)

«Das Gebet der Gemeinschaft ist besser als das Gebet des Einzelnen, und zwar siebenundzwanzigmal», besagt ein Hadith, und ein anderer spricht sogar von «fünfundfünfzigmal». Das gemeinsame Gebet macht es wirkungsvoller; es verbindet die Gläubigen. Konkret sieht das so aus, dass ein Gläubiger, der in der Moschee eine neue Reihe der Betenden eröffnet, nicht alleine gelassen wird, sondern sich einer aus der Reihe vor ihm neben ihm niederlässt.

Längst nicht überall sind Frauen dazu zugelassen, nicht einmal in den hinteren Reihen oder auf den Emporen. Wenn nun der Sunna zufolge das Gemeinschaftsgebet bei Gott um ein Vielfaches mehr zählt als das Gebet des Einzelnen, dann sind Frauen bei der Endabrechnung am Jüngsten Tag benachteiligt. Die ersten Frauenmoscheen zeigen an, dass sich Frauen nicht länger vom Gottesdienst ausschließen lassen.

**31. Wie fasten Muslime im Monat Ramadan?** Der Koran gibt genaue Anweisungen, wann und wie lange man zu fasten hat. Der Monat Ramadan wird als Fastenmonat festgelegt. «Erlaubt ist euch in der Nacht während der Fastenzeit Umgang mit euren Frauen zu haben. ... Und esst und trinkt, bis ihr in der Morgendämmerung den weißen Faden vom schwarzen Faden unterscheiden könnt. Danach vollzieht das Fasten bis zur Nacht.» (Sure 2:187; dazu 183–185) An den großen Feiertagen des Islam, am Opferfest und dem Fastenbrechen am Ende des Ramadan (siehe Frage 34) ist es jedoch *nicht gestattet* zu fasten; an diesen Tagen soll man in Dankbarkeit die Gottesgaben Speise und Trank genießen. Auch während des Dschihad darf nicht gefastet werden, damit die Kräfte der Kämpfenden nicht schwinden.

Das Fasten soll den Menschen ganz auf die wirklichen Werte ausrichten. Tatsache allerdings ist, dass in keinem Monat so viel verzehrt wird wie in den nächtlichen Stunden des Ramadan. Die Entbehrungen des Tages werden meist reichlich wieder aufgewogen, mögen die geistlichen Führer noch so sehr gegen diese Umkehr der eigentlichen Intention des Fastens wettern. Gleichzeitig verringert sich die Arbeitskraft, und das Bruttosozialprodukt sinkt so dramatisch, dass der tunesische Staatspräsident Bourguiba in den 1960er Jahren den Kampf gegen die Wirtschaftsarmut zum Dschihad erklärte und gestützt durch Fatwas berühmter tunesischer Muftis – ein Gegen-Fatwa ausgenommen – das Fasten im Monat Ramadan aussetzen ließ.

**32. Wer bekommt die Sozialabgabe?** Der Begriff *zakât* «Sozialabgabe» (wörtlich «Reinigung») wird oft fälschlicherweise mit «Almosen» übersetzt. Sie ist jedoch keine freiwillige Spende *(sadaqa)*, sondern Pflicht, weshalb gelegentlich «Steuer» als Äquivalent genannt wird. Im Koran wird diese Unterscheidung nicht immer erkennbar. Dort wird *zakât* meist in Verbindung mit dem Gebet genannt (Sure 98:5; 21:73 u. a.). Über die Höhe der Abgaben macht der Koran keine Angaben. Heute werden meist 2,5 % von dem Geld, das man nach Abzug der laufenden Kosten und eventueller Schulden übrig hat (Sure 2:219), den Armen gegeben. Das frei verfügbare Mindestvermögen berechnet die Organisation «muslime helfen» – Stand September 2006 – mit 1250 Euro pro Person.

«Die Abgaben sind nur für die Armen und Bedürftigen und diejenigen, die sich um deren Verwaltung bemühen, und die, deren Herzen gewonnen werden sollen, und für die Gefangenen und die Schuldner, für den Einsatz auf dem Wege Gottes und die Reisenden.» (Sure 9:60) Die Waisen und die Witwen sollen damit versorgt werden. Auch wurde der Freikauf von Sklaven und Sklavinnen empfohlen. Die Muslime sind zu Recht stolz auf die so frühe soziale Absicherung durch diese Armenabgabe. Die Reihenfolge der Empfänger im Falle der Bedürftigkeit steht fest: Zuerst bekommen die nächsten Verwandten diese Unterstützung, dann die entfernteren, darauf die Nachbarn, schließlich die Menschen in dem Viertel, in dem man wohnt. In einigen islamischen Ländern wird die *zakât* – wie bei uns die Kirchensteuer – vom Staat eingezogen; auch haben sich Wohlfahrtsorganisationen oder Moscheen der Verteilung angenommen. Derjenige, der die Sozialabgabe bekommt, soll diese nicht beschämt entgegennehmen müssen; er hat ein Recht darauf. Die Abgabe sorgt dafür, dass das Gefälle zwischen den Reichen und den Armen nicht zu groß wird. Die Sozialabgabe ist ausschließlich Muslimen zuzuwenden, die Spenden hingegen können auch Nicht-Muslime erhalten.

**33. Was bedeutet die Pilgerfahrt?** Die Pilgerfahrt nach Mekka ist für Muslime eine religiöse Erfahrung, die ihr Leben aus den Angeln heben kann und nicht selten eine tief greifende Neuorientierung bewirkt. Die Annahme des Weihezustands bei Antritt der Wallfahrt, die genau vorgeschriebene schlichte Körperbedeckung, dieselben Riten symbolisieren, dass alle Muslime gleich vor Gott sind. Sie lassen alle diskriminierenden Unterschiede zwischen den Glaubensgenossen schwinden, so dass das gemeinsame Erleben von Brüderlichkeit und Solidarität die Umma festigt. Andersgläubige dürfen auf keinen Fall an diesem Ritual teilnehmen. Im Koran heißt es: «Und der Menschen Pflicht gegenüber Gott ist die Pilgerfahrt zum Hause [zur Kaaba], wer immer dazu in der Lage ist.» (Sure 3:97; genaue Anweisungen finden sich vor allem in den Suren 2:158, 189, 194, 196–203 und 5:95–97.) Jeder Muslim muss einmal in seinem Leben zur Kaaba gepilgert sein, sofern die ärztliche Gesundheitsprüfung die in der saudi-arabischen Hitze sehr strapaziöse Unternehmung zulässt. Außerdem darf der Pilger keine Schulden hinterlassen, damit im Falle seines Ablebens die Hinterbliebenen nicht in Not geraten.

Frauen sind dann entschuldigt, wenn sie keinen Ehemann oder keinen nahen Verwandten als Begleiter haben und auch keine Frauengruppe fanden, mit der sie reisen konnten.

Um den immer stärker werdenden Andrang von knapp drei Millionen Pilgern zu regulieren, wird in jedem islamischen Land nur ein Kontingent im Verhältnis von einem Tausendstel der Einwohner zugelassen; für die Diaspora-Muslime gelten Sonderregelungen. Es ist eine enorme logistische Leistung, in der vorgeschriebenen Zeit zwischen dem 7. und 13. Dhu'l-Hiddscha, dem 12. Monat im islamischen Kalender, in dem Heiligen Bezirk von etwa 24 Kilometern Länge und bis zu 8 Kilometern Breite diese Menschenmassen unterzubringen und zu versorgen.

Am Vorabend der Pilgerfahrt nehmen die Muslime an einer Predigt in der Großen Moschee teil. Von den folgenden genau festgelegten Ritualen können nur einige angeführt werden: Sehr wichtig ist der Umlauf um die Kaaba, einen Quader, der 13 Meter lang, zwölf Meter breit und fünfzehn Meter hoch ist; eine Türe führt in den leeren Innenraum, den einmal im Jahr der saudi-arabische König betritt. Den Würfel bedeckt eine schwarze Seidendecke, deren breite Bordüre mit Goldfäden gestickte Koranverse verziert. Den in eine Außenmauer eingelassenen «Schwarzen Stein», ein in einen schweren silbernen Rahmen gefasster Meteorit, der den Himmel und die Erde verbindet, sollte jeder Pilger während des *siebenmaligen Umkreisens der Kaaba* küssen oder berühren; doch weil die Menschenmassen dies meist verhindern, sollten sie wenigstens versuchen, in die Nähe zu kommen oder ihn aus der Ferne zu grüßen. Der dritte Kalif Umar soll diesem Kult wenig abgewonnen und erklärt haben, hätte er nicht den Propheten Mohammed selbst den Schwarzen Stein küssen sehen, er hätte dies nicht getan. Der Höhepunkt der Pilgerfahrt besteht darin, einen Tag lang in der Ebene Arafa *vor Gott* zu verharren, ein Kult, der möglicherweise ursprünglich der Sonne zugedacht war. Steht man vor Gott, so sind alle Sünden vergeben, die man je begangen hat. Die *Steinigung des Satans* ist ein weiteres wichtiges Element der Pilgerfahrt. Dreimal soll der Satan vor dem Propheten Abraham erschienen sein, um ihn von seiner Sendung abzubringen, und dreimal sollen Abraham, der noch kleine Ismail und Mohammed sieben Steinchen nach ihm geworfen haben, um ihre Verachtung auszudrücken. Sieben mal sieben oder siebzig Steinchen werfen die Pilger auf drei Säulen, indem sie während ihres Aufenthalts in Mina im heiligen Bezirk dieses Verhalten nachahmen und sich verpflichten, in Zukunft Versuchungen zu widerstehen. Logistisch ist dieser Vorgang, den knapp drei Millionen Menschen an drei Tagen zu absolvieren haben, allerdings nicht zu bewältigen; deshalb fliegen Steine oft an die Hinterköpfe oder Nacken der Vordermänner; die Zahl der Verletzten ist jedes Jahr beachtlich. Auch tragische Unglücksfälle mit vielen Toten kommen in Mekka immer wieder vor. Im Frühjahr 2004 wurden bei einer Panik 244 Gläubige zu Tode getrampelt. Der einzige Trost für die Angehörigen ist, dass die Verstorbenen ins Paradies kommen.

Das Opferfest feiern die Pilger mit allen Muslimen auf der ganzen Welt gemeinsam (siehe Frage 34). Überhaupt sind die Tage der Pilgerfahrt Freudentage. Die Luft ist erfüllt von Predigten, von den lauten, einprägsam rhythmischen Antworten der Pilger auf den göttlichen Ruf: «Hier bin ich, o Gott, hier bin ich. Hier bin ich. Dir ist niemand zugesellt. Hier bin ich. Dir gehören Preis, Huld und Herrschaft. Dir ist niemand zugesellt.»

Der Besuch von Medina, der Stadt des Propheten, ist nicht Pflicht; doch wird ein achttägiger Aufenthalt empfohlen, um in den Moscheen zu beten. In Medina steht auch die Moschee, die Mohammed mit eigenen Händen erbaut haben soll; sie grenzt an sein Wohnhaus, in dessen Boden er begraben liegt. Das Gebet in dieser Moschee entspricht tausend Gebeten an anderer Stelle, genauso wie das Gebet in der al-Aqsa-Moschee in Jerusalem. Unübertroffen freilich ist ein Gebet in der Großen Moschee in Mekka, das sogar hunderttausendmal so viel wert ist.

## Alltagsleben

**34. Welche Feste feiern Muslime?** Alle islamischen Feste wandern durch das Jahr unseres Gregorianischen Kalenders. Das Hidschra-Jahr ist ein Mondjahr, das 11 Tage kürzer ist als unser Sonnenjahr. Die beiden einzigen kanonischen Feste der Muslime sind das «Opferfest» (arabisch: *îd al-adha*; türkisch: *kurban bayramı*), auch das «große Fest» *(îd al-kabîr)* genannt, sowie das Fest des Fastenbrechens am Ramadan-Ende (arabisch: *îd al-fitr*; türkisch: *şeker bayramı*, «Zuckerfest»). Das Opferfest findet zum Abschluss der Pilgerfahrt statt und wird von den Muslimen in aller Welt mitgefeiert. Zwei Drittel von dem Fleisch der Opfertiere, gesunde und kräftige Kamele, Rinder, Ziegen oder Schafe, werden an die Armen verteilt, während die Opfernden das verbliebene Drittel für sich behalten dürfen. Heutzutage werden allerdings auch Geldspenden, etwa im Wert eines Schafes, von Wohltätigkeitsvereinigungen oder den Moscheen selbst als Ersatz angenommen. Der Monat Ramadan, in dem das Zuckerfest gefeiert wird, ist ein heiliger Monat. Ein Prophetenwort besagt: «Wenn der Ramadan beginnt, werden die Tore des Himmels geöffnet, die Tore der Hölle geschlossen, und die Satane werden angekettet.»

Die Sichtung der Mondsichel, die über den Monats- und Festbeginn entscheidet, erfolgt auch noch in einer Zeit der Präzisionstechnik mit bloßem Auge. Deshalb teilte der Zentralrat der Muslime in Deutschland (ZMD) am 29. Oktober 2005 das Ergebnis der Ausschauhaltung offiziell mit: «Der Deutsche islamwissenschaftliche Ausschuss der Neumonde (DIWAN) gibt folgendes bekannt: 1. Die Konjunktion zum Monat Schawwal erfolgt am Mittwoch, 2. November 2005 um 01:24 Uhr (GMT), entsprechend 04:24 Uhr in Mekka. Bei jeder Sichtung vor diesem Zeitpunkt handelt es sich um einen Irrtum und wird für uns keine Bedeutung haben. ... 3. Praktisch bedeutet dies, dass Donnerstag, 3. November 2005, der erste Tag des

Fastenbrechenfestes sein wird.» Am Freitag, dem 22. September 2006, konnte hingegen der DIWAN die Neumondsichel nicht sichten. Deshalb setzte er von sich aus Sonntag, den 24. September 2006, als den ersten Tag des Ramadan fest, eine Feststellung, die unter Muslimen umstritten war.

Die beiden großen Feste werden in den meisten islamischen Ländern mit drei Feiertagen begangen. An diesen Tagen besucht man sich gegenseitig und beschenkt einander. Zerstrittene sollen sich aussöhnen. Besondere Speisen gehören dazu wie bei den Christen der Christstollen und die Plätzchen zu Weihnachten. Fasten während der Festtage ist verboten.

Der höchste Festtag der Schiiten ist der 10. Muharram, an dem sie mit Trauerprozessionen und Selbstgeißelungen des Todestags Husains gedenken. In der Zeit vom 1. bis zum 10. Muharram werden Passionsspiele *(taziye)* aufgeführt, in denen insbesondere die Leiden der Imame szenisch dargestellt werden (vergleiche Frage 13).

**35. Welches sind die gebräuchlichsten religiösen Formeln und Redensarten?** Keinen Ausdruck führt ein frommer Muslim so oft im Munde wie die so genannte *Basmala*; sie lautet *bi-smi 'llâhi 'r-rahmâni 'r-rahîm*, «im Namen Gottes, des Erbarmers, des Barmherzigen». Jede Sure – mit Ausnahme der neunten – fängt mit dieser Formel an. Mit welcher Tätigkeit auch immer man beginnt, ob mit dem Essen oder mit dem Mauern oder Schneidern, stets spricht man die Basmala aus. Aber auch Briefe, Ansprachen und Dokumente werden mit diesen Worten eingeleitet. Dem Volksglauben nach ist es allerdings nicht gestattet, im *hammâm*, dem «Türkischen Bad», den Namen Gottes zu erwähnen; denn der Mensch befindet sich dort im Zustand zwischen ritueller Reinheit und Unreinheit.

Ebenfalls sehr häufig ist der Ausruf *Allâhu akbar*, «Gott ist größer», gemeint ist: Gott ist größer als alles in der Welt. Im Koran, beim rituellen Gebet und beim Gebetsruf vom Minarett kommt er vor. Affirmativ, zustimmend, werden diese beiden Worte einem eindrucksvollen Redner oder Prediger aus dem Publikum zugerufen. *Allâhu akbar* wird aber auch geradezu als aufpeitschender Kampfruf unter den Mudschahidin, den Dschihadisten, eingesetzt.

Der Gruß, den nur Muslime untereinander aussprechen und an dem sie sich als Glaubensgefährten erkennen, lautet *as-salamu aleikum*, «Friede sei mit euch» (kurz: *salâm*), worauf die Antwort: *wa alei-*

*kum salam*, «und auch mit euch Friede», erfolgt. Tatsächlich hat das Wort «Friede» dieselben Radikale «slm» wie das Wort «islam» (siehe Frage 1), doch heißt das dazugehörige Substantiv «silm». Der hebräische Friedensgruß *schalom* entspricht dem arabischen *salam*.

Immer wenn der Name des Propheten Mohammed genannt wird, wird jeder fromme Muslim die Worte anfügen: *salla'llâhu aleihi wa sallam*, «Frieden und Heil über ihn»; in Texten wird dies abgekürzt in Klammern hinter den Namen gesetzt («s.a.s.» oder «s.»). Werden Propheten wie Jesus oder Mose erwähnt, folgt stets *radiya'llâhu anhu*, «Gott sei ihm gnädig» (abgekürzt «r. a.»); für Maria, die Mutter Jesu, gilt als einzige Frau die entsprechende Formel.

Glückwünsche wie *mabrûk*, «gesegnet», sind zu den Feiertagen und zum Wechsel des islamischen Jahres oder zur Geburt eines Kindes üblich. Wenn man das Neugeborene zum ersten Mal zu sehen bekommt, darf der bewundernde Ausruf *maschallah*, «mit Gottes Willen», nicht versäumt werden; diese Floskel wird freilich auch verwendet, wenn man eine prächtige Pflanze oder einen gesunden Esel bewundert. *Inschallah* oder genauer *in schâ'a 'llâh*, «so Gott will», kann auch die Bedeutung «hoffentlich» haben, allerdings nicht in dem resignativen Sinn von «Kismet», «Ergebung in sein Schicksal», wie Nicht-Muslime dies gelegentlich missverstehen. Mit *al-hamdu li'llâh*, «Gott sei Dank», besiegelt man den guten Ausgang schwieriger Situationen.

**36. Ist das Tragen des Kopftuchs, des Schleiers, eines langen Gewandes oder anderer islamischer Kleidung religiöse Pflicht?** Das Kopftuch wurde höchstwahrscheinlich zur Zeit Mohammeds nicht getragen und galt lange – von Byzanz und Persien beeinflusst – als Zeichen der Vornehmheit. Im Koran findet sich kein Hinweis auf ein derartiges Bekleidungsgebot, auch wenn dies von Befürwortern in einige Textstellen (Sure 24:31, ferner 33:53) hineininterpretiert wird. Freilich sollen sowohl Männer (Sure 24:30) als auch Frauen «die Augen niederschlagen und ihre Scham bewahren». Darüber hinaus sollen die Frauen «den Schmuck, den sie (am Körper) tragen, nicht offen zeigen und ihren Schal über den Schlitz (ihres Gewandes) ziehen.» (Sure 24:31) «Prophet! Sag deinen Gattinnen und Töchtern und den Frauen der Gläubigen, sie sollen etwas von ihrem Überwurf über sich herunterziehen. So ist am ehesten gewährleistet, dass sie (als ehrbare Frauen) erkannt und daraufhin nicht belästigt werden.» (Sure 33:59) Einige Kommentatoren verstehen das so, dass die

Frauen sich bedecken sollen, wenn sie in der Dunkelheit austreten müssen. Manche freilich entnehmen diesem Vers die Verpflichtung einer Ganzkörperbekleidung, und wieder andere gehen sogar so weit, dass das Gesicht verhüllt sein müsse und nach der strengsten Interpretation nur das linke Auge frei blicken dürfe. Um die totale Anonymisierung und Gleichschaltung der Frauen im öffentlichen Raum zu gewährleisten, tragen sie insbesondere im Jemen und in einigen Golfstaaten metallene Gesichtsmasken, die Mund und Nase verdecken, oder Burqas mit dem Stoffgitter vor dem Gesicht, wie die Afghaninnen nicht nur unter den Taliban. In Frankreich und Deutschland ist die Diskussion über den Ganzkörper-Schwimmanzug Burkini entbrannt, der in öffentlichen Bädern nicht verboten werden darf. Doch inwieweit der Niqab, der nur die Augen frei gibt, gestattet werden soll, ist Anfang Oktober 2016 hierzulande noch nicht entschieden.

Barhäuptig bleiben die Frauen hingegen während der Pilgerfahrt und sind höchstens durch einen Sonnenschirm vor der prallen Sonnenglut geschützt. Ob sich Frauen unbedingt verschleiern müssen, ist heute unter muslimischen Theologen umstritten.

**37. Warum tragen Männer Bärte?** Die Muslime gehen davon aus, dass Mohammed einen Bart getragen hat. Zu den kostbarsten Reliquien gehören schließlich seine Barthaare (siehe Frage 63). Fromme Muslime eifern dem Propheten oft auch in seinem äußeren Erscheinungsbild nach. Der bekannte Schwur «beim Barte des Propheten» ist allerdings von Karl May gut erfunden. Die Vorstellungen, wie Mohammeds Bart ausgesehen haben mag, gehen recht weit auseinander, und zwar vom ungestutzten, wilden Vollbart etwa der Taliban in Afghanistan bis zum gepflegten Bart der Muslimbrüder oder dem bloßen Schnurrbart, getreu dem Hadith, der Prophet habe seinen Schnurrbart so gestutzt, wie Abraham, der Freund Gottes, es seinerzeit getan habe.

Noch in den 1990er Jahren konnte man an dem Bart- und Schnurrbartzuschnitt nicht selten die Zugehörigkeit zu bestimmten religiösen oder politischen Gruppierungen feststellen, so wie sich die Freimaurer am Händedruck erkennen. Der trotzige Kommunistenschnurrbart hat beispielsweise eine ganz andere Form als der Schnurrbart der türkischen Aleviten, die getreu ihrem Wahlspruch «Beherrsche deine Hände, deine Lenden und deine Zunge» seine Spitzen über die Mundwinkel ziehen, um den Mund symbolisch zu verschließen, damit kein falsches Wort über ihre Lippen kommen kann. Solche Zuordnungen sind jedoch in Frage gestellt, seit sich die Attentäter des 11. September 2001 bartlos präsentierten.

**38. Darf man seinen muslimischen Gästen Schweinebraten mit Knödeln und eine Flasche Bier anbieten?** Wie bei den Juden, so gibt es auch bei den Muslimen strenge Speisevorschriften. Dazu gehören das Verbot von Alkohol, der den Juden gestattet ist, und das beiden Religionen gemeinsame Verbot, Schweinefleisch zu verzehren (Sure 5:3; 2:173). Knödel sind hingegen erlaubt. Das Alkoholverbot stützt sich auf den Koranvers: «Wein *(chamr)*, Glücksspiele, Opfersteine und Lospfeile sind ein Greuel, Satans Werk.» (Sure 5:30 und 31) Anstelle von «Wein» wird in Übersetzungen auch das Wort «Berauschendes» verwendet; tatsächlich kann *chamr* so interpretiert werden, dass damit alles, was die Sinne benebelt, verboten ist, also nicht nur sämtliche Alkoholika, sondern auch alle sonstigen Drogen.

Die Liste der Tiere, die von Muslimen nicht verspeist werden dürfen, ist lang und enthält nach wie vor viele Sonderbarkeiten. So fallen nicht nur Raubtiere, die das Fleisch anderer Tiere fressen, unter dieses Tabu, sondern für die dschafaritische Rechtsschule auch alle schuppenlosen Meerestiere wie Hummer, Langusten, Krabben, Muscheln oder Tintenfische und für die Aleviten der Hase. Das Schwein ist für alle Muslime ein ausgesprochen abstoßendes Tier, zumal es mit Trichinen verseucht und Krankheitsauslöser sein kann. Deshalb sollte man selbst in Glaubensdingen lässige muslimische Gäste nicht mit einem saftigen Schweinebraten oder einem Schinkenbrot konfrontieren.

Weil Gelatine oder die handelsüblichen Gummibärchen unter Verwendung von gemahlenen Schweineknochen hergestellt werden, sollte man auch keinen Wackelpeter servieren, während Gummibärchen inzwischen auch ohne problematische Ingredienzen im Handel zu haben sind. Blutwurst anzubieten wäre ein Affront, da Blut generell nicht verzehrt werden darf. Vorsicht auch bei Senf, weil er Weißwein enthält, und bei Essig. Medikamente, die geringe Alkoholmengen enthalten, dürfen von Muslimen eingenommen werden, da sie nicht süchtig machen. Ganz Strenggläubige suchen allerdings erst nach Alternativen, bevor sie zur Not dann doch zu den wirksameren Arzneien greifen.

**39. Müssen Tiere ohne Betäubung geschlachtet werden?** Kein Koranvers bestimmt, wie Tiere geschlachtet werden sollen; es heißt lediglich: «Verwehrt hat Er euch nur das von selbst Verendete und Blut und Schweinefleisch und das, worüber ein anderer Name als Allahs angerufen worden ist.» (Sure 2:173 und 5:3) Das rituell reine Halal-Fleisch kann nach Aussagen der al-Azhar-Universität von Kairo sowie des türkischen Präsidiums für Religionsangelegenheiten auch von Tieren gewonnen werden, die kurzzeitig betäubt worden sind. Gegen das millionenfache Gemetzel von unbetäubten Tieren auf den Straßen, in den Hinterhöfen oder Badewannen anlässlich des Opferfestes versuchen die staatlichen Behörden in der Türkei vorzugehen. Die türkischen Zeitungen berichten dennoch jedes Jahr von unglaublichen Tierquälereien. Die Ultra-Frommen lehnen Betäubung kategorisch ab, gelegentlich sogar unter Hinweis auf besondere Tierschutzqualitäten der islamischen Schlachtmethoden, die nicht nur für das Opferfest, sondern grundsätzlich für jedes einzelne Tier angewendet werden müssten. Sie glauben, dass das Ausbluten nur beim betäubungslosen Schächten gewährleistet sei.

**40. Darf ein Muslim einer Frau und eine Muslimin einem Mann die Hand geben?** Grundsätzlich ist es im Orient nicht Usus, dass sich Männer und Frauen überhaupt die Hand geben, es sei denn, es gibt dafür einen ganz besonderen Anlass. Weil der Islam stets die Sorge hat, dass sich Vertreter beider Geschlechter, die nicht allernächstens miteinander verwandt sind, zu nahe kommen könnten, gebietet es allein schon die Höflichkeit, den Handschlag zu unterlassen. Hat ein Händedruck dennoch stattgefunden, so muss nach der schafiitischen Rechtsschule die kleine Waschung erfolgen; die anderen sunnitischen Rechtsschulen hingegen halten dies nur dann für erforderlich, wenn der Händedruck mit sexuellem Begehren verbunden war. Man kann immer wieder erleben, dass gerade besonders fromme Muslime ihre Freundlichkeit und Weltoffenheit demonstrativ mit einem die Geschlechter verbindenden Händedruck bekunden. Allerdings gelten Nicht-Muslime manchen sunnitischen und allen schiitischen Muslimen als unrein, so dass Berührungen jeglicher Art eine rituelle Reinigung nach sich ziehen. Manch ein hiesiger muslimischer Taxifahrer zieht sich Handschuhe an, wenn vor ihm ein nicht-muslimischer Kollege am Steuer gesessen hat, oder wischt jedes Mal sorgfältig das Lenkrad und die Türgriffe ab, wenn ein andersgläubiger Fahrgast seine Dienste in Anspruch genommen hat. Eine allgemein verbindliche Regelung gibt es allerdings nicht.

**41. Dürfen Muslime den Geburtstag von nicht-muslimischen Kollegen mitfeiern?** Nein, sagen die in islamischen Ländern erstellten Fatwas einhellig; denn hierbei handele es sich um eine europäische Sitte. Niemand könne etwas für seine Geburt und dürfe derentwegen nicht extra beglückwünscht werden. Im Volksislam wird allerdings die Geburt des Propheten Mohammed liebevoll gefeiert, was von fundamentalistischen Muslimen als *bid'a*, «Neuerung», abgelehnt wird. Verworfen werden auch andere gemeinsame Feiern, etwa anlässlich der Beförderung eines Kollegen, da hierbei Alkohol fließen könnte.

**42. Dürfen Muslime Trauzeugen bei einer Hochzeit von Christen sein?** Bei einer standesamtlichen Eheschließung ist dies gestattet, nicht aber bei einer Trauung in der Kirche. Denn die christliche Eheschließung ist ein gottesdienstlicher Akt, bei dem man als Muslim zwar zuschauen, an dem man sich aber niemals aktiv beteiligen darf.

**43. Können Muslime Christen und Christen Muslime beerben?** Muslime dürfen nur Muslime beerben und nur an Muslime vererben. Die Vermengung von islamischem und nicht-islamischem Vermögen ist nicht gestattet.

**44. Müssen Muslime ehrlich sein?** Auch Muslime müssen die Wahrheit sagen und dürfen nicht lügen. In Anlehnung an die biblischen zehn Gebote (Exodus 20,16; Deuteronomium 5,20) ist jede Falschaussage verboten (z. B. Sure 25:72).

Fraglich bleibt allerdings, ob Muslime auch mit *Ungläubigen* stets ehrlich umgehen müssen. Ultra-Orthodoxe erklären dazu meist, dies sei dann nicht erforderlich, wenn man dadurch dem Islam und der Umma schade. In diesem Sinne kennt der schiitische Islam ein Gebot, das immer wieder zu Missverständnissen Anlass gibt. Danach sind Schiiten verpflichtet, ihre Glaubensidentität dann nicht preiszugeben, wenn deren Bekanntwerden das eigene Leben oder das eigene Eigentum oder das eines anderen Schiiten bedroht oder gefährdet. Der Terminus technicus für diese Verhaltensweise bei den Schiiten ist der fast nicht zu übersetzende persische Begriff *ketmân* oder auch das aus dem Arabischen stammende Wort *taqîya*.

Sinn dieser Begriffe ist in etwa «weise Vorsicht» oder «Verstellung». Die *taqîya* als Verpflichtung wird meist dem 6. Imam Dscha'far as-Sâdiq (gest. 765) zugeschrieben, während sie tatsächlich auf den schiitischen Gelehrten Ibn Bâbôye (gest. 991) zurückgeht. Schiitische Theologen empfehlen als Vorbild auch den 12. Imam, der sich ebenfalls aus *taqîya* in die Verborgenheit begeben habe. Begründet wird die *taqîya* mit dem Koranvers 16:106, in dem Gottes Zorn über die Apostaten kommt, «außer wenn einer gezwungen wird, während sein Herz im Glauben Ruhe gefunden hat». Weil die Schiiten sehr häufig von den Sunniten blutig verfolgt wurden, war diese Regelung oft überlebenswichtig. Deshalb durften sie auch die religiösen Riten der sunnitischen Konfessionen praktizieren, um nicht aufzufallen. Zugleich ermöglichte das Verheimlichen ihrer religiösen Identität den Schiiten, im Staatswesen Ämter zu bekleiden, die eigentlich Sunniten vorbehalten waren.

*Ungläubigen* gegenüber besteht generell keine Wahrheitspflicht, falls ehrliche Äußerungen dem Islam und der Umma schaden könnten. Muslime mögen sich dabei auf die göttliche Weisung beziehen, man solle sich keine Ungläubigen oder Feinde zu Freunden nehmen (Sure 3:28 f und 60:1). Die Beurteilung, wer Freund oder Feind ist, ist subjektiv. Extremistische Organisationen sehen zum Beispiel deutsche Gerichte oder Ämter, aber auch Kritiker als «feindlich» an. Sie halten es deshalb für religiös geboten, ja verdienstvoll, gegebenenfalls falsche Angaben zu machen. Derartige Praktiken der «Verstellung» führen teils auch zum Erfolg; der überwiegenden Mehrheit der Muslime sind sie allerdings völlig fremd.

## Frauen und Männer

**45. Sind Frauen den Männern gleichberechtigt oder nur gleichwertig?** Die Stellung der Frauen ist abhängig von der Position der Männer, die immer mit in den Blick genommen werden. Dies ist einer der häufigsten Kritikpunkte am Islam. Erhitzte Gemüter werden von Muslimen gern mit der Aussage beschwichtigt, die Frau sei im Islam dem Mann gleichwertig. Jedoch besteht ein gravierender Unterschied zwischen der Gleichberechtigung von Mann und Frau und der Gleichwertigkeit der beiden Geschlechter.

Was die religiösen Pflichten betrifft, so sind die Frauen dem Manne gleichgestellt, und sie werden wie die Männer am Jüngsten Tag für ihre Taten zur Verantwortung gezogen. Nach islamischem Verständnis hat jedoch der Mann die verantwortungsvolleren und schwierigeren Aufgaben zu bewältigen: Er muss die Familie ernähren, über die Ehre der Familie wachen und sie nach außen hin vertreten. Zu seinen Pflichten gehört zudem die Verteidigung des islamischen Territoriums und gegebenenfalls auch des Islam. Im Vergleich mit diesen Verpflichtungen gelten die Lasten, die auf den Schultern der Frauen ruhen, als relativ leicht, haben sie doch «nur» den Haushalt zu versorgen und die Kinder aufzuziehen. Deshalb sei es nur gerecht, wenn dem Mann als Ausgleich für seine größeren Mühen mehr Rechte zugestanden werden.

Im Koran ist die grundsätzliche Überlegenheit des Mannes über die Frau in Sure 4:34 festgeschrieben (siehe Frage 53). Sieht man sich einmal an, welche Eigenschaften Frauen im Koran überhaupt zugeschrieben werden, dann sind sie in seltenen positiven Fällen rechtschaffen, gläubig, demütig oder tugendhaft, häufiger jedoch ungläubig oder aufmüpfig. Die Männer sind es, die den Frauen Anweisungen geben und sie in ihre Schranken weisen; die Frauen müssen die Dominanz der Männer schweigend hinnehmen.

Die soziale Stellung der Frauen ist nach wie vor ein großes Problem in islamischen Ländern. Frauen werden verprügelt, ausgebeutet, als Gebärmaschinen benutzt, wie Gegenstände behandelt und bei Nichtgefallen fortgeschickt. Das Analphabetentum der Frauen in islamischen Ländern übersteigt das der Männer erheblich. Aber das ist nur die eine Seite der Medaille. Denn dort, wo Frauen studiert, ihren Beruf ausgeübt und sich beruflich durchgesetzt haben, sind ihre Chancen gut, und das traditionelle Patriarchat verliert zunehmend an Boden.

**46. Warum sind die Zeugenaussagen von Frauen nur die Hälfte wert?** Frauen wird nicht nur in frommen Traktaten nachgesagt, sie seien vergesslich, mental schwach und deshalb leicht beeinflussbar. Schon der Koran traut ihrem Erinnerungsvermögen nicht: «Und nehmt von euren Leuten zwei zu Zeugen. Sind nicht zwei Männer da, dann sei es ein Mann und zwei Frauen, die euch als Zeugen passend erscheinen, so dass, wenn eine der beiden irrt, die andere sich erinnern kann.» (Sure 2:282) Vor diesem Hintergrund werden in vielen islamischen Ländern Frauen vor Gericht sowohl bei Urteilssprüchen als auch als Zeugen eklatant benachteiligt, falls sie überhaupt zur Aussage zugelassen werden.

**47. Warum erben Frauen weniger als Männer?** Der Koran gibt eine klare Erbfolgeregelung vor, die den Söhnen den doppelten Anteil dessen, was ein Mädchen bekommen soll, zuspricht (Sure 4:11). Dem liegt wiederum die islamische Vorstellung zu Grunde, dass der Mann die größeren Aufgaben zu erfüllen habe und ihm daher auch die größeren Mittel zufallen sollen. Tatsächlich tritt – gegebenenfalls unter Einbeziehung der Eltern und Geschwister – im Erbfall ein kompliziertes Regelwerk in Kraft (Sure 4:7–12).

**48. Wie viele Frauen darf ein Muslim heiraten?** Aus dem Munde strenggläubiger Muslime hört man oft, es sei ehrlicher, mit mehr als einer Frau legitim verheiratet zu sein als sich – wie bei westlichen Männern üblich – Mätressen zu halten. Doch fragt sich, ob nicht die Frauen im Islam zum bloßen Willkür-Objekt ihrer Männer geworden sind, wenn der Koran sagt: «Eure Frauen sind für Euch wie ein Saatfeld. Darum kommt zu eurem Feld, wann und wie ihr wollt.» (Sure 2:223) Der Koranvers, der nach Meinung der meisten muslimischen Theologen die Polygynie zulässt, steht in der Sure «Die Frauen»: «Und wenn ihr fürchtet, gegenüber den Waisen nicht gerecht zu sein, dann heiratet, was euch an Frauen beliebt, zwei, drei und vier. Wenn ihr aber fürchtet, (sie) nicht gleich zu behandeln, dann nur eine und was eure rechte Hand (an Sklavinnen) besitzt. Das bewirkt es eher, dass ihr euch vor Ungerechtigkeit bewahrt.» (Sure 4:3) Als die tunesische Regierung 1957 die Monogamie einführen wollte, holte sie von dem staatlich besoldeten Großmufti eine Fatwa ein. Dieser befand, dass es keinem Manne möglich sei, zwei, drei oder vier Frauen wirklich gleich zu behandeln, weshalb die Einehe die einzige islamgemäße Eheform sei. Zur Gleichbehandlung der Frauen gehört, ihnen adäquate Häuser oder Wohnräume, dieselbe Art ihrer Ausstattung wie auch der Kleidung und letztlich sogar der Liebesgunst zukommen zu lassen.

**49. Dürfen Mädchen oder Frauen ohne deren Zustimmung verheiratet werden?** Die Ehe ist im Islam verpflichtend. Ein Prophetenwort besagt, die Hochzeit sei «der halbe Eintritt ins Paradies». Doch ist das Paradies leider nicht unbedingt auf Erden zu finden. Etwa ein Drittel der in Deutschland lebenden Türkinnen wird immer noch ohne ihr Einverständnis in die Türkei verheiratet. Bei Musliminnen aus anderen Herkunftsländern dürfte dieser Anteil sogar noch höher liegen. Trotzdem handeln die Eltern nicht islamgemäß. Denn Aussprüche Mohammeds bezeugen, dass von den Töchtern die Zustimmung zur Heirat einzuholen ist: «Die Jungfrau darf nur verheiratet werden, nachdem sie um Erlaubnis gefragt worden ist. Sie sagten: ‹O Gesandter, wie gibt sie ihre Erlaubnis?› Er sagte: ‹Indem sie schweigt›.» Da die Frauen derartige Prophetenworte meist nicht kennen und oft auch zum Stillschweigen und Dulden erzogen worden sind, erkennen sie die Bedeutung ihres Schweigens nicht und nehmen häufig ihr Schicksal einfach hin. Nur Witwen und geschiedene Frauen dürfen sich eigenständig entscheiden.

Oft haben die Eltern die Heirat ihrer Töchter und Söhne bereits in deren Kindesalter vereinbart und fühlen sich verpflichtet, daran festzuhalten, auch gegen den Willen der Kinder. Manche Ehen werden sogar im Kindesalter geschlossen. Dabei wird gerne auf die Heirat Mohammeds mit der neunjährigen Aischa als Vorbild verwiesen. Die Selbstmordrate junger Musliminnen, die zwangsweise verheiratet werden, ist nachweislich überdurchschnittlich hoch. Werden die Eheverbindlichkeiten nicht eingelöst, kommt es oft zu dramatischen Konflikten, günstigenfalls zur Flucht der Mädchen, im schlimmsten Fall zu Gewalttaten bis hin zum sogenannten Ehrenmord. Wie es jungen Männern ergeht, denen dasselbe Geschick widerfährt, ist bislang kaum untersucht worden.

«Vergewaltigung in der Ehe» ist im Islam kein Thema; denn dem Mann wird das Recht zugestanden, mit seiner Frau zu schlafen, wann immer er will. Die Vergewaltigung bietet deshalb der Ehefrau keinen rechtlich anerkannten Scheidungsgrund. Doch gilt es zu bedenken, dass mit Zwangsverheiratung fast automatisch auch die Vergewaltigung in der Ehe verbunden ist.

**50. Darf sich eine Frau scheiden lassen?** Das Familienrecht ist nach wie vor in den meisten islamischen Ländern Domäne der Scharia. Ein Prophetenwort besagt zwar, dass die verwerflichste aller Handlungen die «Verstoßung» *(talâq)* sei, doch ist sie im Koran gestattet und geregelt. Die Verstoßung durch dreimaliges Aussprechen der Scheidungsformel ist allein dem Ehemann möglich, während die Frau sich – mit Billigung ihres Mannes – allenfalls freikaufen kann, um dann oft einer ungesicherten Zukunft entgegenzugehen. Muslime heben gerne die Pflicht des Mannes hervor, im Falle der Scheidung drei Monate lang das «Stillgeld» bezahlen zu müssen, dessen Sinn jedoch nur ist, dass auch bei einer zum Zeitpunkt der Scheidung noch nicht erkannten Schwangerschaft der Rechtsanspruch des Vaters auf sein Kind nicht verwirkt wird.

Die Verstoßung in ihrer krassen Form wird heutzutage nur noch in Ländern wie Saudi-Arabien praktiziert. Meist ist das Personalstandsrecht mit westlichen Rechtsvorstellungen vermengt, wobei diese in unterschiedlichem Ausmaß auf die Scharia einwirken. Die Entwicklung zeigt keine kontinuierlichen Fortschritte für die Frauen, eher immer wieder Rückfälle in dunkle Zeiten ihrer Rechtlosigkeit. In den wenigsten islamischen Ländern können die Frauen von sich aus eine Scheidung erwirken. Es gibt nur wenige Gründe, die Frauen generell das Recht geben, sich vom Mann zu trennen, z. B. wenn dieser sich ein halbes Jahr nicht mehr hat blicken lassen oder wenn er debil ist. Wird Musliminnen aber die Möglichkeit gewährt, sich einigermaßen problemlos von ihren Männern zu trennen, dann sind die Scheidungsraten schnell sehr hoch, wie man nicht nur in der Türkei sieht.

**51. Warum dürfen Musliminnen nur Muslime heiraten?** Traditionell liegt im Islam die Erziehung der Kinder zwar zunächst in der Hand ihrer Mütter; doch Kinder, die einer religiösen Mischehe entstammen, müssen stets im muslimischen Glauben erzogen werden. Wie der Katholizismus sogar den Übertritt zu einer anderen christlichen Konfession verbietet, entlässt auch der Islam seine Kinder nicht in die Wüstenei christlich verfälschten Glaubens. Er bewahrt sie davor insbesondere durch das grundsätzliche Verbot für Musliminnen, Männer anderer Religionszugehörigkeit zu heiraten. Wenn eine Muslimin trotzdem einen nicht-muslimischen Mann heiratet, kann dies schlimme Folgen für sie haben, wie Verstoßung aus der Familie mit automatischer Enterbung, schlimmstenfalls die Ermordung durch männliche Familienangehörige. Hingegen ist es muslimischen Männern gestattet, christliche und jüdische Frauen zu heiraten.

**52. Was muss eine Frau beachten, wenn sie einen Muslim heiratet?** Nur allzu oft wird von nicht-muslimischen Frauen, die einen Muslim heiraten, aus Liebe oder vermeintlicher Rücksichtnahme kein Ehevertrag abgeschlossen. Eine solche Entscheidung ist aber falsch. Denn der Abschluss von Eheverträgen ist in islamischen Ländern generell üblich. Ihn zu fordern ist kein Zeichen von Misstrauen, sondern nur von Realitätssinn. Die Eheschließung ist im Islam ein zivilrechtlicher Vertrag. Sicherlich ist es gut, wenn ein solches Dokument lebenslang in der Schublade bleiben kann; aber es dient dem Schutz der Frauen in der Ehe, insbesondere dann, wenn der Ehepartner mit seiner Frau respektive Familie in sein islamisches Heimatland zurückkehrt. Besonders im Falle einer Scheidung, an die man bei einer Eheschließung ja zunächst gar nicht denken mag, kann ein solcher Vertrag von entscheidender Bedeutung für die weitere Zukunft der Frau und eventueller Kinder sein.

In dem folgenden, von der islamischen Frauenzeitschrift «Huda» zur Verfügung gestellten mustergültigen Ehevertrag, der hier nicht inhaltlich, sondern nur um rein technische Daten gekürzt wiedergegeben wird, sind alle scharia-relevanten Bestimmungen aufgeführt.

**Ehevertrag**

**1. Herr:** ______________________________

***Adresse:*** ______________________________

Beruf: ________________ Geburtstag und -ort: ______________

Name der Mutter: __________ Name des Vaters: _____________

Ausweisnr./Reisepassnr.: ______________________________

Datum und Ausstellungsort: ____________________________

und

**2. Frau:**

*[Für die Frau müssen dieselben Angaben gemacht werden wie für den Mann.]*

**erklären in Gegenwart der nach islamischem Gesetz (Schariʿa) erforderlichen Zeugen ihr gegenseitiges Einverständnis zur Eheschließung.**

**Ehevertragliche Regelungen**

a) Wir sind uns darüber einig, dass die von uns einzugehende Ehe für dauernd geschlossen wird und zeitlich nicht beschränkt sein soll.

b) Nach der Eheschließung werden wir zunächst unseren Wohnsitz in ______________________________ nehmen.

c) Wir vereinbaren für unsere Ehe als Güterstand den der Gütertrennung. Demgemäß soll alles, was die Ehefrau in die Ehe einbringt und während der Ehe, insbesondere durch Erbschaft oder Schenkung, erwirbt, ihr persönliches Eigentum sein, und soll alles, was der Ehemann in die Ehe einbringt und während der Ehe, insbesondere durch Erbschaft oder Schenkung, erwirbt, sein persönliches Eigentum sein, mit der Maßgabe, dass jeder der Ehegatten berechtigt sein soll, über sein Eigentum frei und uneingeschränkt sowie ohne das Erfordernis der Zustimmung des anderen Ehegatten zu verfügen und dass das persönliche Eigentum eines jeden Ehegatten nicht für die Verbindlichkeiten des anderen Ehegatten haftet, mit der weiteren Maßgabe, dass jegliche Ausgleichsansprüche, Nutzungs- und Verfügungs- oder Verwaltungsbefugnisse am Vermögen des anderen Ehegatten ausgeschlossen sein sollen.

d) Wir vereinbaren hiermit weiterhin, dass die Erschienene zu 2. als Ehefrau des Erschienenen zu 1. bevollmächtigt wird, sich durch Scheidung aus dem ehelichen Band zu befreien, wenn die gesetzlichen Voraussetzungen vorliegen. Dieses Recht soll für die Frau insbesondere dann gelten, wenn der Mann eine andere Frau heiratet oder die Unterhaltspflicht gegenüber der Frau verletzt oder der Frau nach dem Leben trachtet oder ihr sonst durch üble Behandlung das Leben unerträglich macht.

e) Die Mahr (Brautgabe) beträgt ____________________.
Ich, der Erschienene zu 1., verpflichte mich hiermit, meiner Ehefrau die Brautgabe (Mahr) zu zahlen. Unabhängig von diesem Betrag ist im Falle der Auflösung der Ehe durch Tod des Ehemannes oder Ehescheidung als «Mahr» eine Abstandssumme von __________ zu zahlen, sofern bei Auflösung der Ehe die Ehefrau nicht in der Bundesrepublik Deutschland lebt.

f) Ich, der Erschienene zu 1., verpflichte mich hierdurch für den Fall einer Scheidung meiner Ehe mit der Erschienenen zu 2. aus meinem Verschulden, der Erschienenen zu 2. einen standesgemäßen Unterhalt zu gewähren. Diese Verpflichtung soll eintreten, wenn der Ehemann die Scheidung veranlasst oder die Ehefrau die Scheidung aus einem der gesetzlich und vorstehend vereinbarten in der Person des Ehemannes liegenden Gründe verlangt.

g) Wenn aus der Ehe Kinder hervorgehen, so hat im Falle ihrer Auflösung die Erschienene zu 2. weiterhin das Sorgerecht für die Kinder. Die Kosten werden durch den Richter oder im Einvernehmen der Parteien festgesetzt. Das Sorgerecht dauert für Knaben mindestens ....... (7) Jahre, für Mädchen mindestens ....... ( 9) Jahre nach der Geburt (vergleiche entsprechende Regelungen in dem in Frage kommenden Land). Hiervon unabhängig behält die Erschienene zu 2. die elterliche Gewalt und das Sorgerecht für die minderjährigen Kinder aus vorhergehender Ehe, nämlich: ______________________________

______________________________

h) Ich, der Erschienene zu 1., ermächtige hiermit die Erschienene zu 2. als meine Ehefrau, im Geschäftsleben sowie für alle Personenstands-, urkundlichen, Pass- und registerlichen Zwecke ihren vorehelichen Familiennamen auch während der Ehe weiter zu führen,

i) Ich, der Erschienene zu 1., ermächtige und bevollmächtige hierdurch die Erschienene zu 2. als meine Ehefrau unwiderruflich:

1) einen ehrenhaften Beruf auszuüben, insbesondere als ______ ________________________ (erlernter Beruf) oder in einem ähnlichen ehrenhaften Beruf tätig zu sein,
2) in der ehelichen Wohnung Besuch aus dem Ausland zu empfangen, insbesondere aus (zum Beispiel Bundesrepublik Deutschland) ______________________________,
3) ihre Wohnung selbst zu wählen und jederzeit frei und ohne Beschränkung zu reisen und auszureisen sowie sich alle hierfür erforderlichen Urkunden selbständig und ohne Zustim-

mung oder Genehmigung des Ehemannes zu beschaffen. Hierüber wird heute eine besondere Ermächtigungs-/Vollmachtsurkunde erstellt.

Zusätzliche Vereinbarung: ______________________________
______________________________________________
Unterschrift des Ehemanns ______________________________
Unterschrift der Ehefrau ________________________________
Die gegenseitige Akzeptanz des Vertrages sowie die Korrektheit der Eheschließungsvereinbarung werden bestätigt und bezeugt:
1. Zeuge: ____________________________
Beruf: _______________________________

**Ausweisnr.:** _____________________________________________
**Datum und Ausstellungsort:** ___________________________
*[Es folgen entsprechende Angaben für die erforderlichen drei weiteren Zeugen sowie für einen eventuellen zusätzlichen Zeugen.]*
Standesamtliche Trauung am: ____________
Standesamt: ______________ Az.: _______
**Ort und Datum** _______________________
Hiermit wird bestätigt, dass die Eheleute über den vollständigen Text dieser niedergeschriebenen Urkunde in Kenntnis gesetzt worden sind und das hier Eingetragene akzeptiert und mit ihrer Unterschrift vollzogen haben.
**Archivnummer:**____________________
____________________________________Stempel
– Imam –

Besonders wichtig sind in diesem Mustervertrag: die Festlegung auf Monogamie; die freie Verfügung über den eigenen Pass und den Pass der Kinder; Reisefreiheit; die Genehmigung der Berufsausübung und des Empfangens von Besuchen; die Festlegung des Sorgerechts für die Kinder im Falle der Scheidung.

Die Gütertrennung ist üblich; sie kann allerdings in einem Land, in dem man als Frau und möglicherweise in dem erlernten Beruf nicht arbeiten kann, im Falle der Scheidung oder gar der Verstoßung in die Armut führen. Deshalb müsste die Unterhaltsverpflichtung noch genauer definiert werden, als es dieser Mustervertrag vorsieht. Weitere landesspezifische Informationen sollte man über das Auswärtige Amt, über das Institut für Auslandsbeziehungen oder über die zuständige Botschaft einholen.

Nach islamischem Recht dürfen *Christinnen und Jüdinnen* im Falle der Heirat mit einem Muslim ihren Glauben beibehalten. Dies ist in der Praxis allerdings eher selten, denn sie verlieren dann oft die Erziehungsberechtigung und können im Fall seines Todes den Ehemann nicht beerben. Über den Vertrag hinaus muss eine Christin wissen, dass selbst die Muslime, die säkularisiert sind, nur in Ausnahmefällen zustimmen werden, dass ihre Kinder christlich getauft werden dürfen. Nicht unwichtig ist schließlich, dass man den Ehevertrag bei einem Imam abschließt, dessen Autorität im Herkunftsland des Bräutigams nicht in Zweifel gezogen werden kann, oder von der zuständigen Auslandsvertretung beglaubigen lässt.

**53. Dürfen Muslime ihre Frauen schlagen?** Als am 14. Januar 2004 der Imam Mohamed Kamal Mustafa im spanischen Fuengirola zu einer Gefängnisstrafe von einem Jahr und drei Monaten auf Bewährung sowie zu einer Geldstrafe von 2 000 Euro verurteilt wurde, entbrannte eine heftige Diskussion, ob der Islam den Ehemännern gestatte, ihre Frauen zu schlagen. Der Imam hatte in seinem Buch «Frauen im Islam» beschrieben, wie man Frauen schlagen könne, ohne dass ein Außenstehender dies bemerkt. Bei seiner Verteidigung hatte er sich darauf berufen, dass er lediglich den Koran interpretiere, persönlich aber gegen Gewalt sei. Ähnlich verhielt sich ein Imam im französischen Lyon, der daraufhin vorübergehend aus Frankreich ausgewiesen wurde.

Der umstrittene Koranvers, der auch vielen heutigen muslimischen Theologen Unbehagen bereitet und deshalb in unterschiedlichen interpretierenden Fassungen vorliegt, lautet: «Die Männer stehen über den Frauen, weil Gott einem Teil der Menschen einen Vorzug vor dem anderen gegeben hat und weil die Männer aus ihrem Vermögen (die Morgengabe) bestritten haben. Die rechtschaffenen Frauen sind daher demütig und bewahren das Verborgene für sich, weil auch Gott es für sich behält. Die Frauen aber, deren Widerspenstigkeit ihr befürchtet, verwarnt sie, meidet sie im Ehebett und schlagt sie! Und wenn sie euch dann wieder gehorchen, setzt ihnen nicht mehr zu! Siehe, Gott ist erhaben und groß.» (Sure 4:34)

Wenn islamische Theologen diskutieren, warum Männer generell über den Frauen stehen sollen, lauten ihre Antworten oft: wegen ihrer größeren Körperkraft oder wegen ihrer besonderen Verantwortung für die Familie und die Gemeinschaft, mitunter auch wegen ihrer größeren finanziellen Leistungsfähigkeit. Heutzutage erheben sich jedoch Stimmen, die meinen, die generelle Vorrangstellung des Mannes sei allein aus diesem Vers nicht ableitbar; das sehen freilich die meisten Ulema, also die Gelehrten, ganz anders.

Wie aber geht man mit Gottes Wort um, das eindeutig festlegt, dass man widerborstige Frauen nach einem Drei-Stufen-Warn-System behandeln und sie als letzten Ausweg «schlagen» soll, wobei das Verb *daraba* dem Herkunftssinn nach «schlagen, Münzen prägen» bedeutet? Auch hier sind die Antworten vielfältig: Selten heißt es heute, man solle die Frauen schlagen, ohne ihnen das Nasenbein zu brechen oder ohne im Gesicht und an den Händen erkennbare Spuren zu hinterlassen. Meist wird dazu geraten, man möge sie nur leicht schlagen oder gar nur sanft berühren. Etliche Theologen knüpfen auch an das Schlagen die Vorbedingung, das Seelenheil der Frau müsse bedroht sein. Murad Wilfried Hofmann betont in der von ihm kommentierten Koranausgabe in einer Anmerkung zu diesem Schlagen: «Nur auf symbolische Weise, im Interesse der Aufrechterhaltung einer stark gefährdeten Ehe»; könnte es aber nicht sein, dass man durch solch eine, wenn auch «symbolische Handlung» die Ehe erst richtig gefährdet? Bemerkenswert – wenn auch philologisch nicht zu belegen – ist die moderne Interpretation der zum Islam übergetretenen Feministin Rabeya Müller, die *daraba* mit «auseinandergehen» übersetzt und damit eine Bresche für die Frauen schlagen möchte.

**54. Wie ergeht es den Männern im Islam?** Im Westen herrscht allgemein die Meinung vor, dass es den Frauen im Islam schlecht, den Männern hingegen hervorragend gehe. Der Koran (Sure 4:34) und die Sunna weisen ihnen eine eindeutige Überlegenheit und einseitige Wertschätzung zu. «Das Vermögen und die Söhne sind der Schmuck des diesseitigen Lebens. Was aber bleibt, die guten Werke – sie bringen bei deinem Herrn einen besseren Lohn und begründen eine bessere Hoffnung» (Sure 18:46). Das patriarchalische System, das den Männern zweifellos Vorteile bringt, hat aber auch seine Schattenseiten. Die hierarchischen Strukturen und entsprechenden Abhängigkeiten schränken die Freiheiten auch der Männer stark ein. Der soziale

Druck innerhalb der Männergesellschaft ist enorm, zumal sich ein wesentlicher Teil des Lebens der Männer in der Öffentlichkeit abspielt und somit der Kontrolle der Geschlechtsgenossen ausgesetzt ist. Betrachtet man die Situation des Mannes im Islam genau, wird man gewahr, dass Pauschalurteile, die sich undifferenziert lediglich am Verhältnis zur schlechteren Position der Frauen orientieren, fehl am Platze sind.

## Moschee

**55. Ist die Moschee ein «Gotteshaus»?** Die Vorstellung, eine Moschee sei ein sakraler Raum, ist erst sehr spät aufgekommen. Die Frage, ob eine Moschee als «Gotteshaus» bezeichnet werden kann, wird von Muslimen kontrovers diskutiert. Strenggläubige begründen ihre Ablehnung dieser Deutung damit, dass jeder Muslim an jedem Ort beten könne und auch für das Freitagsgebet keine Moschee benötige. Wenn sie sich dennoch für den Bau von Moscheen einsetzen, so betrachten sie diese eher als ein *Multifunktionshaus* und als religiösen wie sozialen Mittelpunkt einer lebendigen Glaubensgemeinschaft. Auf jeden Fall macht es keinen Sinn, die Neueröffnung einer Moschee als «Einweihung» zu bezeichnen; denn es gibt keine Segnung des Gebäudes oder vergleichbare Rituale.

Die Moschee (arabisch: *masdschid*) ist ihrer wörtlichen Bedeutung nach der «Ort, an dem man sich niederwirft». Nicht in jeder Moschee wird auch das Freitagsgebet abgehalten. Die so genannten Freitagsmoscheen mit Minarett und Kanzel heißen *dschâmi* (türkisch: *cami*).

Männer, die in der Nähe einer solchen Moschee wohnen, sind verpflichtet, am Freitagsgebet teilzunehmen. Muhammad soll gesagt haben: «Wer am Freitag die große Waschung vollzieht, sich einölt, parfümiert und dann zur Moschee geht und das Gebet verrichtet, ohne sich zwischen zwei (betende) Personen zu drängen, und die Predigt des Vorbeters (still) anhört, dem wird vergeben, was er zwischen den beiden Freitagen begangen hat.»

**56. Was gehört zu einer Moschee?** Der Baustil von Moscheen orientiert sich – anders als der von Kirchen – meist an dem Schönheitssinn ihrer Umgebung: So ähneln die Moscheen in China Pagoden, diejenigen in Timbuktu in Mali sind Lehmbauten, die im Übrigen zum

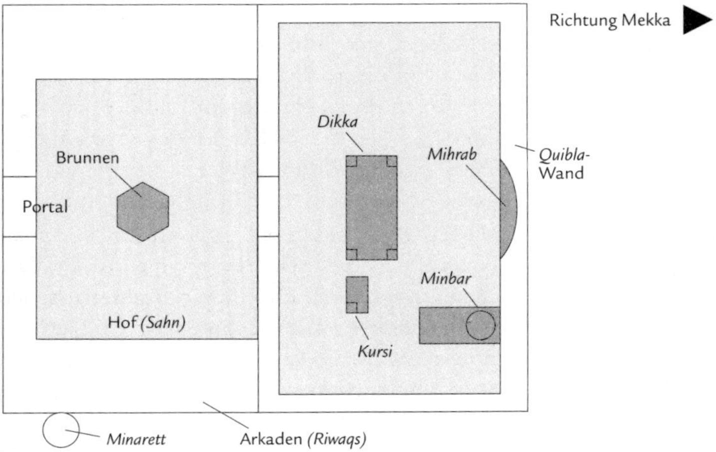


*Die klassischen Elemente einer Moschee (vereinfacht)*

Weltkulturerbe zählen; die Moscheen in Iran mit ihren oft vergoldeten Kuppeln erstrahlen in den prächtigsten Farben. Die rechteckigen so genannten Hofmoscheen wie die Große Moschee von Mekka oder die berühmte Moschee von Kairuan sind in ihrem Grundriss Nachbildungen der frühesten Gebetsstätten. Vielen Moscheebauten in Deutschland dient die Schönheit der osmanischen Moscheen als Vorbild. Der Formenreichtum der Minarette, von denen der Muezzin zum Gebet ruft, scheint unerschöpflich zu sein.

Eine Moschee ist ein in sich ruhender Raum, in dem man weder durch Gemälde oder Figuren noch Nebenschauplätze wie Nebenaltäre abgelenkt wird. Koranverse umrunden den Innenraum; stilisierte Blüten und Blätter verzieren die Wände. Das Bilderverbot hat auch die Kunst der Kalligraphie zu höchster Vollendung geführt. Die Gebetsrichtung gen Mekka (*qibla*) gibt die Gebetsnische (*mihrâb*) an. Sie ist der markanteste Ort in einer Moschee, auf den hin sich alle Gedanken sammeln. Meist umranken Koranverse in schönster Kalligraphie diese Nische oder schmücken sie aus. Häufig wird der Thronvers wiedergegeben:

> Gott, es gibt keinen Gott außer Ihm, dem Lebendigen, dem Beständigen. Nicht überkommt ihn Schlummer und nicht Schlaf. Ihm gehört, was in den Himmeln und was auf der Erde ist. Wer ist

es, der bei ihm Fürsprache einlegen kann, es sei denn mit seiner Erlaubnis? Er weiß, was vor ihnen und was hinter ihnen liegt, während sie nichts von Seinem Wissen erfassen, außer was Er will. Sein Thron umfasst die Himmel und die Erde, und es fällt Ihm nicht schwer, sie zu bewahren. Er ist der Erhabene, der Majestätische (Sure 2:255).

Zu einer *Freitagsmoschee*, in der gepredigt wird, gehört die oft kunstvoll gefertigte Kanzel (*minbar*). Von der Decke erstrahlen Lüster. Der Boden ist mit Teppichen ausgekleidet, die einen charakteristischen Geruch verströmen. Koranständer *(rihla)* schützen die heiligen Bücher. Bei der Lesung liegt der Koran auf einem Pult *(kursi)*. Damit in und vor den großen Moscheen alle Gläubigen das Freitagsgebet mitbekommen konnten, wiederholte ein mit dieser Aufgabe Betrauter von einer gen Mekka ausgerichteten Estrade *(dikka/dakka)* aus die Worte des Imams und synchronisierte die Gebetsgesten. Die obligatorische Wand- oder Standuhr, zunehmend durch elektronische Messuhren ersetzt, zeigt die Gebetszeiten an. Vor der Moschee, in der Vorhalle oder im Hof *(sahn)* steht der Brunnen mit fließendem Wasser für die rituelle kleine Waschung.

Eine ordentliche Freitagsmoschee ist ein Gemeinschaftszentrum, ausgestattet mit Veranstaltungsräumen und einer Cafeteria, mit Aufenthaltsräumen für die Frauen und für das Personal und mit Zimmern für die Gäste. Dazu gehören auch der Supermarkt, in dem man Fleisch von rituell geschlachteten Tieren kaufen kann, ein Reisebüro für die Pilgerreisen sowie ein Raum, in dem die Bestattungsangelegenheiten geregelt werden. Oft ist eine Bibliothek, manchmal auch ein Buchladen mit religiöser Literatur, angeschlossen. In alten Zeiten war stets ein Hospiz mit Apotheke sowie – in manchen Ländern bis heute – ein Hammam, ein «türkisches Bad», und eine große Armenküche in einen solchen Moscheekomplex integriert.

**57. Wie verhalte ich mich in einer Moschee?** Vor dem Betreten einer Moschee sollte man darauf achten, ob es für Frauen und Männer getrennte Eingänge gibt. Ist der richtige Eingang gefunden, zieht man seine Schuhe aus und stellt sie in das neben der Türe stehende Regal. In manchen Moscheen liegen für die Frauen Kopftücher bereit; denn in einer Moschee sollten Frauen ein Kopftuch tragen, wie es auch beim Besuch christlicher Kirchen in südlichen Ländern üblich ist. Für Touristen gilt, dass sie anständig gekleidet sind und nicht etwa in Shorts und mit T-Shirts hineingehen. Als Tourist wird man bei Beginn des Freitagsgottesdienstes oft aus der Moschee gescheucht; einige der hiesigen Moscheen lassen jedoch Gäste beim Freitagsgebet zu. Dabei hat man sich auf den angewiesenen Platz zu begeben, wenn vorhanden meist auf der Empore. Im Übrigen wird man erstaunt feststellen, dass die strenge gottesdienstliche Disziplin der Christen nicht unbedingt Sache der Muslime ist, wie ja auch die Juden viel lockerer mit dem Gottesdienst umgehen.

**58. Ist ein Imam einem Pfarrer oder Priester vergleichbar?** Zwischen dem Imam einer Moschee und einem Pfarrer beziehungsweise einem Priester gibt es einige wesentliche Unterschiede. Generell sind im Islam weder Ordination noch Zölibat bekannt, ebenso wenig Sakramente. Niemals kann der Imam wie der katholische Priester Mittler zwischen Gott und Menschen sein. Er ist deshalb nicht autorisiert, die Beichte abzunehmen und von Sünden freizusprechen; es gibt also auch kein Beichtgeheimnis. Der Islam kennt auch keine Lehrautorität – wie den Papst. Allerdings wird der aus dem Katholizismus stammende Begriff «Klerus» insbesondere wegen ihres hierarchischen Aufbaus gelegentlich auf die schiitische Geistlichkeit übertragen.

Der Imam – im Türkischen auch Hoca genannt – ist als «primus inter pares» vor allem Vorsteher des Freitagsgebets und Prediger. Dafür bedarf er keiner besonderen Ausbildung. Dennoch sind Imame oft theologisch gebildet oder haben zumindest eine religiöse Schule besucht, eine Medrese oder in der Türkei eine der Imam-Prediger-Schulen; allerdings bilden zahlreiche islamische und islamistische Organisationen ihre Imame selbst aus. Zu den weiteren Aufgaben der Imame gehört es, Korankurse zu geben und bei besonderen Anlässen wie bei der Namensgebung, bei Eheschließungen, bei der Beschneidung, beim Besuch von Kranken oder bei Beerdigungen Gebete zu sprechen. Viele dieser Funktionen sind den Aufgaben eines Pfarrers ähnlich, doch ist das beiderseitige Amts- und Gemeindeverständnis besonders im Vergleich mit dem katholischen Priester ganz verschieden; auch ist der Imam kein «Seelsorger» im christlichen Sinne. Gefängnisbetreuung ist beispielsweise jenseits des Vorstellungshorizonts. Der hiesigen Erwartungshaltung von Gefängnisverwaltungen wird notfalls entsprochen, nicht im Sinne einer psychologischen Hilfe, sondern der Wiedereingliederung in die religiöse Gemeinschaft.

Seelische Stütze finden die Muslime eher bei einem Ordensscheich, hierzulande insbesondere bei Beratungsstellen jeglicher Art.

Der Imam ist in der Regel Angestellter einer bestimmten Moscheegemeinde, kann aber auch von einer religiösen Organisation oder von einer Regierung bezahlt werden. Es kommt vor, dass eine Gemeinde ihren Imam vor die Türe setzt, wenn er ihrer Meinung nach sein Amt nicht richtig ausfüllt.

## Islamische Mystik

**59. Was ist islamische Mystik?** Die islamische Mystik, die als «Sufitum», «Sufismus» oder «Sufik» (arabisch: *tasawwuf*) bezeichnet wird, hat sich schon sehr früh als spirituelle Gegenströmung zu dem strengen Gesetzesislam der Orthodoxie herausgebildet. Die Bezeichnung «Sufi» leitet sich von *sûf*, «Wolle», ab, nach der derben Kleidung jener frühen Asketen, die man als die Vorläufer der Sufis bezeichnen kann.

Sufis lehnen oft die «Fünf Säulen des Islam» als rein äußerliches Abarbeiten von Pflichten ab, dem sie einen verinnerlichten Umgang mit den Riten entgegensetzen, indem sie zum Beispiel die Pilgerfahrt als eine Reise in ihrem Herzen nachvollziehen. Während die Sufis das Verhältnis zu Gott als eine Bewegung von unten nach oben, vom Menschen zu Gott, auffassen, ist es für orthodoxe Muslime eine Bewegung von oben nach unten, vom rechtleitenden und befehlenden Gott zum Menschen, der sich unterzuordnen hat.

Sufi sind geprägt von unendlichem Gottvertrauen *(tawakkul)* und von brennender Sehnsucht nach einer ganz persönlichen Beziehung zu Gott. Ihre ganzen Sinne sind darauf ausgerichtet, sich Gott zu nähern, indem sie die weltzugewandten Eigenschaften und Laster ablegen in dem Verlangen, ihm ähnlicher zu werden, mit ihm zu verschmelzen, in ihm aufzugehen, zu «entwerden». In einem langen Prozess, in dem Sufis sich stufenweise vom Verhaftetsein der Triebseele *(nafs)* an das Irdische befreien, steigen sie empor zur höchsten Stufe der Gotteserfahrung, der Gotteserkenntnis und der Gottesschau. Wer die Verschmelzung mit Gott erfahren hat, wird als ein gewandelter Mensch in und mit Gott «weiter bestehen» *(baqâ)*. Dieses Ziel ist der christlichen *unio mystica* vergleichbar. Man darf aber dennoch das Sufitum nicht mit der christlichen Mystik gleichsetzen; denn es ist ohne die islamischen Voraussetzungen von Koran und Sunna undenkbar.

Ein immer wiederkehrendes Bild in der Sufi-Literatur ist die Metapher von Gott, der zugleich Liebender und Geliebter ist. Die Liebe zu Gott äußern Sufis zu allen Zeiten, und bei einigen findet sich sogar die Vorstellung, dass Gott dieser Liebe bedarf.

Einige Mystiker sind berühmt geworden durch Ausrufe, die das Entwerden in Gott in Worte zu fassen suchten. Al-Hallâdsch, der 922 vermutlich aus politischen Gründen in Basra hingerichtet worden ist, rief im Augenblick höchster Verzückung: *ana 'l-haqq*, «Ich bin die Wahrheit». Nun ist *al-haqq* eine Bezeichnung für Gott, so dass man diese Worte als Gotteslästerung missverstehen konnte. Das gilt auch für Bistâmîs Ausruf *subhânî*, «Preis sei mir», wobei das arabische Wort für «preisen» nur «Gott preisen» meint. Für die ungebärdigen Wanderderwische der Qalandar und anderer Orden ist der Satz typisch: «Ich bin Du, Du bist ich.»

Im Gegensatz zum so genannten orthodoxen Islam findet man im Sufitum sogar Anklagen gegen Gott, der Ungerechtigkeit, Schmerz und Leid in dieser Welt zulässt. Die Theodizee-Frage hat in die islamische Theologie keinen Eingang gefunden, und Klagen wider Gott setzt sie gleich mit Rebellion und schlimmster Häresie. Mystiker haben deshalb die Figur des «heiligen Narren» geschaffen, der ausspricht, was ein orthodoxer Muslim nicht einmal denken darf.

Das Sufitum entstand im irakischen Basra, verbreitete sich rasch über die gesamte islamische Welt und trieb teils wunderbare, teils wundersame Blüten. Der berühmteste asketische Fromme, Hasan al-Basrî (gest. 728 in Basra), verbrachte seine Zeit mit Gebet und Koranrezitation, die er zu seinem Bedauern für solch niedrige Handlungen wie Essen und Trinken unterbrechen musste. Er wird geschildert als ein «ausgemergelter Asket, vertrocknet und krumm wie ein Gewölbebogen, so mager, daß die Sonne zwischen seinen Rippen hindurchscheinen kann, rotäugig und mit tiefen Furchen von ständiger Tränenflut auf den Wangen».

Als erste Mystikerin von Rang beschrieb Rabî'a al-Adawiya von Basra (gest. 810) in schlichten Versen ihre alles versengende Gottesliebe. Die Sufis haben viele großartige Dichter hervorgebracht: Dschalâl ud-Dîn Rûmî, Feriduddin Attar oder Yunus Emre sind weltberühmt geworden. Die Sprache der Sufis lebt von ihren Metaphern. Die Rose und die Nachtigall werden häufig als Symbole für die Liebe angeführt. Typisch sind die Metaphern «Licht, Kerzen, Leuchten und Lampen». Koranverse, in denen sie vorkommen, werden gerne von Sufis zitiert. Berühmt ist der Lichtvers: «Gott ist das Licht der Himmel und der Erde. Sein Licht gleicht einer Nische, in der eine Lampe steht, deren Glas ein funkelnder Stern aus Perlen zu sein scheint. Die Lampe brennt mit dem Öl eines gesegneten Ölbaums, der weder östlich noch westlich (vielleicht: weder irdisch noch himmlisch) steht. Sein Öl leuchtet fast schon, ohne von Feuer berührt zu sein. – Licht über Licht! Gott führt zu seinem Licht, wen er will.» Eine andere Stelle, die den Sufis als Zeugnis dafür dient, dass der Koran mystische Elemente enthält, lautet: «Wem Gott kein Licht verschafft, der hat keines.» (Sure 24:40) In einigen Koranversen wird der Gläubige aus der Finsternis in das Licht geleitet. Es heißt auch: «Licht von Gott ist in der Thora und im Evangelium» (Sure 5:15); «Licht» steht hier für «göttliche Wahrheit», die der Koran zwar in höchster Vollendung bietet, die zuvor aber auch Mose und Jesus als göttliche «Erleuchtung» zugekommen war.

Von Mohammed heißt es, er solle den Menschen «ein Rufer zu Gott und eine leuchtende Lampe» sein. Die Verknüpfung des Lichtes mit Mohammed spielt in der Mystik eine bemerkenswerte Rolle – so wie ihm die Sufis überhaupt eine eigene hervorragende Stellung als «dem vollkommenen Menschen» zuweisen. Sieht ein Sufi am Ende des Weges – so der Mystiker Irâqî – «eine Sonne, die in tausend Gläsern schillert», dann hat er jenen Zustand der «Lichtwerdung» erreicht, der das Ziel seines ganzen Daseins ist.

Zwei Vorurteile gegenüber dem Sufitum sind verbreitet: zum einen, dass die Sufis grundsätzlich sanft und niemals militant seien – die Historiker hatten immer wieder auch Gegenteiliges zu berichten, denn «ein jedes Ding hat seine Zeit» –, und zum zweiten, dass das Sufitum reine Gefühlssache sei. Auch letzteres greift zu kurz; denn wer Vernunft und Verstand nicht gebraucht, kann den steinigen und gefahrvollen Weg eines Gottsuchenden nicht gehen, ohne zu straucheln.

**60. Was ist ein Derwisch-Orden?** Seit dem 12. Jahrhundert haben sich aus den Schüler-Gruppen um einzelne Sufis Derwisch-Orden bzw. Bruderschaften *(tarîqa)* mit Klöstern gebildet. Wie die christlichen Orden, so sind auch die islamischen Bruderschaften freiwillige Gemeinschaften. Beide sind zur Armut verpflichtet, jedoch unterscheiden sie sich ansonsten in vielerlei Hinsicht gravierend voneinander. So gelten die meisten christlichen Orden als sehr orthodox, islamische jedoch als heterodox; sie erlitten zeitweise tödliche Verfolgung.

An der Spitze eines Derwisch-Konvents steht stets der Scheich. Die initiierten Derwische bilden den engsten Kreis um ihn. Scheichs wie Derwische sind in der Regel verheiratet, haben Kinder und gehen heutzutage bürgerlichen Berufen nach. Die Novizen bindet ein Treuegelübde an ihren Orden und an ihren Scheich und verpflichtet sie zu unbedingtem Gehorsam. Sie sollen sein wie «in der Hand des Leichenwäschers». Das Verhältnis zwischen Scheich und Schüler *(murîd)* muss auf absolutem Vertrauen beruhen; denn der Weg, den der Schüler beschreitet, ist dornenreich und gefährlich; zudem ist er entsagungsvoll, und immer wieder droht die Selbsttäuschung. Die Verantwortung des Scheichs als spiritueller Führer ist groß. Ein Scheich ist meist eine charismatische Persönlichkeit, oft wird ihm die Gabe der segensreichen Wunderkraft *(baraka)* zugesprochen. Zur Ordensstruktur gehört auch das enge Zusammengehörigkeitsgefühl der Schüler. Viele Orden sind nicht exklusiv, und mancher Scheich schickt seine Schüler, die bei ihm «ausgelernt» haben, zu dem Scheich eines anderen Ordens, damit sie ihren Erfahrungsschatz erweitern.

Die üblicherweise 40tägigen, mit Fasten und Kasteiungen verbundenen Klausuren (vgl. die Quadragesima) sind ein schwerer, aber für die höheren Grade unerlässlicher Prüfstein. Bei der Mevleviye, die bekannt ist als der Orden der «Tanzenden Derwische», müssen Derwische eine entbehrungsreiche 1001-Tage-Klausur durchhalten, die sie auf die höchste Gotteserkenntnis *(ma'rifa)* vorbereitet. Romantische Vorstellungen vom Sufitum sind also völlig fehl am Platz.

Die Rituale der Sufis sind die gemeinschaftlichen *Gottesgedenken (dhikr).* Sie haben gar nichts mit dem stilisierten Freitagsgebet zu tun. Im Kreis um ihren Scheich und Meister sitzen oder drehen sich die Derwische. Sie wiegen sich stundenlang in immer rascherem Rhythmus des stakkatohaft skandierten Glaubensbekenntnisses oder der 99 schönen Gottesnamen, die in einem unter dem einsetzenden Trommelwirbel laut anschwellenden Ruf «Hu», «Er» (Gott), kulminieren, bis der Scheich mit einer Geste und einem lauten Ruf den Bann der Entrückung durchbricht und sie in die Gegenwart zurückholt. Die Atemtechnik, die Musik und der Tanz – bei einigen wenigen extremen Gruppen wie den Wanderderwischen auch stimulierende Substanzen – führen zu ekstatischen Zuständen. Frauen führen ihre eigenen Zeremonien durch, die aber meist von einem männlichen

Scheich geleitet werden. Nur der alevitische Orden der Bektaschis bezieht die Frauen in das Zeremoniell mit ein.

Die zahlreichen Derwisch-Orden sind oft untergliedert in diverse Abspaltungen mit meist nur geringfügigen rituellen Varianten. Die verbreitetsten Orden sind die Naqshbandiya (türkisch: Nakşibendiye), die «heulenden Derwische» der Rufaiye mit zentralasiatischem Hintergrund, die Qadiriya und Halvetiye, die einst höfische türkische Mevleviye, die nordafrikanische Shadhiliya und die sudanesische Burhaniya oder die indopakistanische Chishtiya. Einige Orden stehen den Orthodoxen näher, andere wie die Wanderderwische der pakistanischen Malang sind weit entfernt von jeglichem Scharia-Bezug. Von der immer noch mächtigen türkischen Nakşibendiye stammen die sehr aktiven Sondergruppen der Nurcus, der auch unter der Bezeichnung «Neo-Nurcus» bekannten Gülen-Bewegung sowie der Süleymancis ab. Derwisch-Bruderschaften gibt es außer in den ultraorthodoxen Ländern wie Saudi-Arabien oder Iran, wo sie heute wieder massiv unterdrückt werden, in allen islamischen Staaten. In Pakistan ist immerhin über die Hälfte der Bevölkerung in der einen oder anderen Weise mit dem Sufitum verbunden.

**61. Was lehren die «Tanzenden Derwische»?** Den Orden der Mevleviye nennt man gemeinhin die «Tanzenden Derwische». Charakteristisch ist für sie der Drehtanz zu Gesang und Flötenklängen der Nay; sie huldigen dem allmächtigen Schöpfer. Der Großscheich der Mevleviye mit der Lehrerlaubnis *(idschâza)* für Europa, Scheich Abdullah Halis Dornbrach, der im sächsischen Trebbus sein «Institut für Islamstudien – Sufi-Archiv» unterhält, erklärt die Lehre seines Ordens auf so unnachahmlich klare Weise, dass ich seinen Text im Wesentlichen wörtlich wiedergebe. Er betont, man müsse zuerst *sich selbst lieben,* denn nur dann könne man auch Liebe weitergeben. Das erinnert an das jüdisch-christliche «Liebe deinen Nächsten wie dich selbst». *Selbstdisziplin und Selbstbeherrschung* müssen erlernt werden.

*Die sieben Stufen* des Derwisch-Ordens der Mevleviye, die zur Gotteserfahrung führen, beschreibt Scheich Abdullah Efendi wie folgt:

«Nehmen wir für den Begriff ‹Fanâ'› die Definition ‹Entwerdung als Umwandlung der Bezugsebene› und versuchen es als einen Prozess zu verstehen. Es geht nicht darum, etwas zu bekämpfen, sondern zu verändern, und zwar so, dass wir Handlungsprioritäten setzen. Diese Handlungsprioritäten entnehmen wir teils dem Qur'ân, teils der Sunna sowie den Lebensbeispielen der Auliya (der Gottesfreunde). Die Stufen werden theologisch in Beziehung zu ‹Tauhîd›, der ‹Einheit und Einzigkeit› Gottes, gesetzt, die sich immer mehr erschließt.

Die *erste* Stufe bedeutet die Hinwendung an den Kreis der *Laiengeschwister* oder Freunde des Weges. Das oberste Gebot auf dem Weg ist das Dienen. ... So versucht der Novize (Gleiches gilt auch für weibliche Ordensangehörige), die Wünsche und Bedürfnisse der Geschwister zu sehen und ihnen dienlich zu sein. Im gleichen Maße, wie er die Bedürfnisse der Anderen erkennt bzw. erkennen lernt, erfährt er die Bandbreite seiner eigenen Bedürfnisse, welche die Grundlagen unserer Handlungen sind, sieht die möglichen Konsequenzen der Handlungen, nicht nur im Verhältnis zur eigenen Person, sondern auch im Zusammenhang mit den Anderen. So lernt man die ersten Schritte *vom Ich zum Wir* und bearbeitet die Ichbezogenheit. Dabei bezieht sich der Murid (der Schüler) auf *reale Personen* seiner Umgebung.

Auf der *zweiten* Stufe wird der Personenkreis enger. Jetzt handelt es sich um richtige Schüler der Tarîqa. Diese Novizen werden von dem Stellvertreter des Scheichs unterrichtet und in *äußeren Umgangsformen* der Derwische geschult *(adâb)*. Sie sollen die Novizen, die vor ihnen zum Orden gekommen sind, als ältere Geschwister, als die bereits Erfahreneren akzeptieren und achten.

«Dieser Prozess setzt sich auf der folgenden *dritten* Stufe fort, und die *eigene Handlungsweise* wird am Adâb – an der Beherrschung von Wort, Gedanken und Geschlechtstrieb und den Unterweisungen – ausgerichtet. Das eigene Wollen wird durch Beobachtung und Reflexion, durch das Erkennen von Ursache und Wirkung auf die *geistigen* Dimensionen ausgerichtet und sensibilisiert.» Nun muss verinnerlicht werden, dass es kein Sein gibt «außer dem Sein Gottes. Das Sein der gesamten Schöpfung, sichtbar oder verborgen, liegt in Seinem Sein, d. h. das gesamte Universum ist Ausdruck der göttlichen Existenz. Das darf nicht im pantheistischen Sinne missverstanden werden. In der Schöpfung manifestiert sich nur der Wille Gottes, niemals sein eigenes Wesen.»

Die *vierte* Stufe, *fanâ' fi Scheich* («Entwerdung im Scheich») beinhaltet das Vorbild des Scheichs, der jetzt auch persönlich die Führung übernimmt. Der Scheich ist nun der letzte Bezug zu einem lebenden Menschen. «Methodisch wird die Präsenz im Scheich dadurch erreicht, dass man in gespannter Erwartung auf sein Herz schaut, dort die Gestalt seines Scheichs sieht, sich so auf dieses Bild konzentriert, dass man nichts anderes mehr wahrnimmt und – sich selbst vergessend – im Scheich entwird, um über ihn schließlich in den nächsten Stufen im Pîr, im Gesandten und schließlich in Gott zu entwerden.»

Die *fünfte* Stufe ist *fanâ' fi Pîr* («Entwerden im Pir»). Der Novize verlässt den persönlichen Bezug und begibt sich auf die Ebene des Abstrakten. Denn nun hat er es mit dem «verstorbenen Ordenspatron» der Mevleviye, Maulâna Dschalâl ud-Dîn Rûmî, zu tun, der hier Pir genannt wird. Er lernt durch die Überlieferung über ihn und durch dessen Werke «einen realen inneren und geistigen Bezug aufzubauen. So wird die Person des Pirs unmittelbar und *tatsächlich* erfahrbar und erlebbar. Der Pir offenbart sich ihm in seiner geistigen Präsenz.» Das heißt, dass am Ende dieser Stufe eine direkte Kommunikation besteht, beim Pir also auch Rat eingeholt werden kann.

Die *sechste* Stufe ist *fanâ' fi Rasûl* («Entwerden im Propheten»). «Der Novize konzentriert sich auf die Person des Gottesgesandten Mohammed, bis sich ihm auch dieser in seiner geistigen Präsenz offenbart und er an die *Pforte* der Einheit und der Vereinigung gelangt. In diesem Bewusstseinszustand ist sein ganzes Wesen auf das *Göttliche ausgerichtet*; jedes Wollen, das nicht dem göttlichen Willen entspricht, ist bedeutungslos geworden. Er ähnelt einem Verliebten, der alles Erdenkliche tut, um dem geliebten Menschen zu gefallen. Sein Zustand gleicht dem Zustand des Falters in der Geschichte von Feriduddin Attar, der das Licht der Kerze vor Augen und dessen vernichtende Hitze spürend Anlauf nimmt, um sich in die Flammen zu stürzen.»

«Die *siebte* und letzte Stufe ist *fanâ' fi'l Allâh*, das Aufgehen *in dem Willen Gottes*. Dieser Zustand ist kaum beschreibbar. Es besteht ein intimes Verhältnis zwischen Geschöpf und Schöpfer; der menschliche Wille entspricht dem, was für ihn im unbegrenzten Willen Gottes Erfahrbares und Erkennbares liegt. Gott ist der Spiegel, in dem sich der Novize sieht. Ist dieser Bewusstseinszustand dem Menschen absolut und unverrückbar zu Eigen geworden, erreicht er den Zustand des *Baqâ' bi'llâh*, ‹das (bewusstseinsmäßige) Verweilen in der Gegenwart Gottes›. Obwohl der Mensch in diesem Prozess seine uneingeschränkte Abhängigkeit von Gott erkennt und anerkennt und die Stufe der Ubudiyya (der Dienerschaft) freudig annimmt, wird er frei und unabhängig vom Treiben der Menschen; er ist durch nichts und niemanden mehr manipulierbar. Er kann in diesem Zustand zum ‹Helfer› Gottes unter den Menschen werden.»

Wer einst *fanâʾ* erfahren hat, kehrt nicht mehr mit denselben Eigenschaften, die er einmal besessen hatte, ins Leben zurück. Er ist in seinem tiefsten Inneren bereichert und ein neuer Mensch geworden. Er hat Gott selbst erreicht, soweit dies überhaupt einem Menschen möglich ist, versteht sich nunmehr ganz von Gott her und sieht sein Dasein in dieser Welt sozusagen mit Gottes eigenen Augen – wobei zugleich völlig klar ist, dass man so eigentlich nicht formulieren, geschweige denn denken darf. Letztlich gibt es keine angemessenen Bilder für das Ziel, das der Mystiker erreicht; und selbst, wenn er es wieder und wieder erreicht zu haben meint, bleibt er dennoch weiterhin auf dem Wege dorthin, Mensch unter Menschen, aber nunmehr von Gott her geläutert, ein «Licht» in dieser Welt als Abglanz jener Wahrheit, an der Gott uns teilhaben lässt, wenn wir mit ihm «einsgeworden» sind. Das ist der Wesenskern aller Mystik, so unterschiedlich sie sich in den verschiedenen Religionen ausgestalten mag.

Der Sufi Abu Said al-Kharaz (gest. 890/91) beschreibt diesen Zustand so: «Wenn einer Gott mit dem Herzen schaut, zieht sich das Nichtgöttliche vor ihm zurück. Alles wird zunichte und schwindet bei der Erfahrung der Majestät Gottes, und nichts bleibt im Herzen außer Gott.»

## Volksislam

**62. Glauben Muslime an Engel, Teufel und Dämonen?** Wie im Judentum und Christentum sind auch im Islam *Engel* ein wichtiger Bestandteil der himmlischen Welt. Der Glaube an die Engel ist im Islam verpflichtend (z. B. gemäß Sure 4:136).

Die Aufgaben der Engel sind vielfältig: Sie umkreisen den göttlichen Thron; «sie lobpreisen Gott und bitten um Verzeihung für alle auf Erden. Und Gott ist fürwahr der Vergebende, der Barmherzige» (Sure 42:5), und sie bezeugen, dass Gott nur Einer ist (Sure 3:18). Im Koran steht sogar, dass Gott *und* seine Engel den Propheten segneten (Sure 33:56), womit diesen Wesen eine eigene religiöse Kraft zugesprochen wird.

Gott, der Schöpfer, ist es, der «die Engel zu Boten macht, versehen mit Flügeln je zwei, drei oder vier» (Sure 35:1). 5 000 Engel haben Mohammed in der Schlacht von Badr gegen Mekka im Jahre 624 geholfen (Sure 3:125). Schutzengel stehen den Menschen bei (Sure 13:11; 82:10). Auch trugen Engel einst die Bundeslade (Sure 2:248). Gabriel (arabisch: Dschibrîl) ist der Offenbarungsengel, der Mohammed mündlich den Koran überbrachte (Sure 2:97) und Maria die Botschaft der jungfräulichen Geburt Jesu (Sure: 3:45; 19:16–22), während nicht näher bezeichnete «Engel» dem Zacharias die Geburt eines Kindes ankündigten (Sure 3:38–40; 19:7–9). Ohne spezifische Aufgabenstellung wird der Engel Michael (Sure 2:98) namentlich hervorgehoben. Die Todesengel Munkar und Nakir halten im Grab das bedrängende Zwischengericht mit dem peinlichen Verhör ab, und der Engel Israfil bläst die Trompete zum Anbruch des Jüngsten Gerichts (siehe Frage 19). Zwei Engel stehen neben jedem Menschen; der Engel an seiner rechten Seite notiert seine guten Taten, der an seiner linken alle schlechten (Sure 50:17). Engel weisen die Guten ins Paradies ein und halten dort mit ihnen Freundschaft; die Schlechten geleiten sie in die Hölle, wo sie sogar als Wächter des Höllenfeuers und als ständige Versuchung für die Ungläubigen (Sure 74:31) eingesetzt sind, und sie schlagen auch schon einmal den Ungerechten ins Gesicht und auf den Rücken (Sure 47:27).

Alle Engel sind «Diener Gottes», dem sie demütig gehorchen, aber sie können auch streng, ja hartherzig sein (Sure 66:6). Christen mag es befremden, dass Engel mit Duldung Gottes sogar Böses tun können, wenn auch im Interesse der Gerechtigkeit. Selbst muslimische Theologen tun sich etwas schwer damit, dass es außer den Satanen ausgerechnet die beiden Engel, Harut und Marut, sein müssen, die die Babylonier mit ihrer Zauberei etwa zum Zerwürfnis zwischen Eheleuten verleiten, allerdings nicht ohne jene zuvor zu warnen, dass sie «die Versuchung» seien und dass die Menschen ihren Glauben nicht verlassen sollten; ohnedies hätten sie ihnen ohne Gottes Erlaubnis nicht schaden können (Sure 2:102). Ungläubigen sollen sie auf deren Nacken und Finger schlagen (Sure 8:12), und einem Hadith zufolge verfluchen sie jene Frauen, die sich ihrem Gatten nicht hingeben wollen (siehe Frage 53).

Für die Engel zählt keine Zeit: «Zu dem Herrn der Himmelsleiter steigen die Engel und der Geist empor während eines Tages, der 50 000 Jahre dauert.» (Sure 70:4 f) Die Engel sind nicht weiblich erschaffen (Sure 37:150) und gelten trotz ihrer männlichen Namen manchen muslimischen Theologen als geschlechtslos, während sie in der Bibel stets männlich sind (z. B. Genesis 6,1–4). Engel bestehen aus Licht und sind für gewöhnlich unsichtbar. Nach Meinung der meisten Theologen sind sie unfähig zu sündigen. Das hat einige unter ihnen zu der Auffassung gebracht, dass die gläubigen Menschen *über* den Engeln stehen, nicht nur weil die Menschen in der Schöpfungsgeschichte den Engeln vorgezogen worden sind, sondern vor allem weil sie im Gegensatz zu den Engeln die Entscheidung zwischen Glauben und Unglauben bzw. zwischen Gut und Böse selbst treffen und Müh und Plage auf sich nehmen müssen, um ins Paradies zu gelangen.

Eine diese Vorstellung unterstützende Interpretation fußt – gemäß Tilman Nagel – auf Sure 2:30: «Einstmals sagte dein Herr zu den Engeln: ‹Ich will auf der Erde einen Nachfolger einsetzen›», so dass Gott «den Plan fasste, dem Menschen als Nachfolger der Engel die Erde zu übergeben».

Der *Teufel* hat im Koran zwei Namen: Iblîs (griechisch: *diabolos*) und Schaitân (hebräisch: *Satan*). Iblis wird er fast ausschließlich im Zusammenhang mit der Schöpfungsgeschichte genannt, und in den Mekkanischen Suren ist von den «Scharen des Iblîs» die Rede (Sure 26:95). Die Schaitan kommen im Koran nur in der Mehrzahl vor (siehe dazu Frage 17). Die Bezeichnungen Schaitan und Iblis sind im Islam meist beliebig austauschbar.

Längst nicht mehr alle Muslime glauben noch an die leibhaftige Existenz der Dämonen oder *Dschinn*. Doch beispielsweise in dem deutschsprachigen Buch «al-ʿ Aqîda» von Amir Zaidan, der jahrelang an der Frankfurter Johann Wolfgang Goethe-Universität Islam lehrte und seit 2003 stellvertretender Direktor der Wiener Islamischen Akademie ist, werden sie weiterhin als real existierende Wesen beschrieben. Sie seien aus Feuer geschaffen (Sure 46:29) und meist unsichtbar. Die bösen Dschinn unter ihnen nehmen mitunter die Gestalt von Riesen oder von Tieren an, wenn sie auf diese Weise die Menschen leichter verführen können. Besonders gern verwandeln sie sich in schwarze Katzen oder Hunde, aber auch in Ziegen und anderes Getier.

In der 72. Sure, die den Namen «Die Dschinn» trägt, heißt es, eine Schar von ihnen habe andächtig dem Vortrag des Korans gelauscht (Sure 72:1) und daraufhin den Islam angenommen. Weil diese vernunftbegabten Wesen Urteilskraft besitzen, werden sie – wie die Menschen – am Ende aller Tage Rechenschaft ablegen müssen.

Vorislamisch waren die Dschinn altarabische Wüsten-Dämonen und Geister. In der islamischen Volksfrömmigkeit werden sie für alle außergewöhnlichen Geschehnisse verantwortlich gemacht wie z. B. die verdorbene Fischladung, die man teuer eingekauft hatte, die unglückliche Ehe oder das Sterben einer ganzen Schafherde. Die Dschinn finden sich an unreinen Orten, wohnen gerne auf Müllhalden oder Toiletten und machen nachts die Friedhöfe unsicher. Man kann sich der bösen Dschinn erwehren, indem man bei Beginn jeder Tätigkeit die Basmala («im Namen Gottes») spricht oder indem man sich der guten Dschinn bedient und deren Zauberkräfte nutzt. Nicht nur durch «Tausendundeine Nacht», wo sie beispielsweise als Flaschengeister agieren, sondern auch durch viele Volkserzählungen geistern die Dschinn und beleben die Fantasie von Lesern wie Zuhörern.

**63. Wie verehren die Muslime ihren Propheten?** Mohammed gilt Muslimen als der vollkommenste Mensch, schön an Gestalt, hervorragenden Charakters und frei von jeder Sünde. Zudem war er mutig und stark im Kampf. Nicht nur im Sufitum wird er dargestellt als glänzendes Licht, das die ganze Welt bis in ihren kleinsten Winkel hinein erstrahlen lässt. Allen frommen Muslimen ist Mohammed leuchtendes Vorbild, dem es in jeder Hinsicht nachzueifern gilt. So führen die Muslime beispielsweise die orientalische Sitte, stets nur mit der rechten Hand zu essen, weil man sich mit der linken Hand nach dem Gang zur Toilette reinigt, auf das entsprechende Verhalten ihres Propheten zurück.

Der Besuch der Moschee des Propheten in Medina wird vor der Pilgerfahrt nach Mekka oder im Anschluss daran empfohlen. Das prächtige Bauwerk umspannt den Boden der allerersten Moschee und das daran einst anschließende Wohnhaus Mohammeds, innerhalb dessen er begraben wurde.

Entgegen allen Einwänden der Puristen hat sich durchgesetzt, dass Mohammeds Geburtstag am 12. Rabî ul-Awwal in den erleuchteten Moscheen gefeiert wird mit Rezitationen von Gedichten, die dessen wunderbare Geburt preisen. Es heißt, er erblickte das Licht der Welt unter dem Jubel der himmlischen Heerscharen, die verkündeten, er sei dazu auserkoren, der Menschheit die frohe Botschaft ihrer künftigen Rettung zu überbringen. Ein in der islamischen Welt weit verbreitetes Gedicht *Mevlid-i Scherif* beziehungsweise *Mevlud-i Scherif* («Die erhabene Geburt») stammt aus der Feder von Süleyman Çelebi (gest. 1419). In der Volksfrömmigkeit ist sogar eine

Sufi-Tradition lebendig, die besagt, die ganze Welt sei aus Mohammeds präexistentem Körper, speziell aus seinen Haaren, hervorgegangen. Gegenwärtig wird die Vorstellung diskutiert, ob man nicht den Geburtstag des Propheten in Deutschland zum Feiertag machen könne.

Als *Reliquien* verehrt werden im indo-pakistanischen Raum und in der Türkei die Barthaare des Propheten. Der Besitz von Barthaaren und des Mantels des Propheten gilt als Nachweis dafür, dass einst dem osmanischen Sultan auch die Würde des Kalifen und damit des geistlichen Oberhauptes der Sunniten zustand; anlässlich seiner Inthronisation gürtete ihn zudem der Großscheich des Derwisch-Ordens der Mevleviye feierlich mit dem Schwert des zweiten Kalifen Umar. Der Sultan stiftete diversen Moscheen großzügig Haare. Diese werden in der *lailat al-qadr*, der Nacht der Bestimmung – vom 26. auf den 27. Tag im Monat Ramadan –, in welcher der Koran herabgesandt worden sein soll, in Fläschchen oder Schatullen mit einem Barthaar von Moschee zu Moschee getragen, wo sie jeweils etwa eine halbe Stunde bleiben und von den Gläubigen geküsst werden, um *baraka*, den Segen, zu erhalten. Eines der Barthaare wird Jahr für Jahr in einer kostbaren Schatulle zu seiner Verehrung in jener heiligen Nacht nach Deutschland gebracht. Das Topkapı Museum in Istanbul beherbergt viele wertvolle Reliquien, darunter einen Zahn des Propheten. Ein Schuh, der Mohammed gehört haben soll, ist im Jahr 2002 aus dem gläsernen Schrein einer Moschee im pakistanischen Badshahi gestohlen worden; bis dahin hatten täglich zwei- bis dreitausend Gläubige diese Grabstätte besucht. Den versteinerten Hufabdruck von Mohammeds Pferd Burâq, auf dem er die Himmelfahrt angetreten haben soll, kann man heute noch in einem hölzernen, nach himmlischen Rosen duftenden Schrein im Jerusalemer Felsendom ertasten.

**64. Kennen die Muslime die Verehrung von Heiligen?** Heiligenkult ist dem orthodoxen Islam fremd und suspekt; man unterstellt, dass die Heiligen selbst angebetet werden und dadurch der Monotheismus, die Einzigkeit Gottes, ausgehöhlt werde.

Im Sufitum hingegen spielen sowohl lebende als auch verstorbene Heilige, die Sufis gerne Gottesfreunde nennen, eine ganz erhebliche Rolle. Vor allem die Gräber von Ordensgründern und wundertätigen Derwisch-Scheichs wie auch die Mausoleen bedeutender muslimischer

Persönlichkeiten werden im Volksglauben zu Segen bringenden Wallfahrtsstätten. Legenden ranken sich um die Wunder, die sie zu Lebzeiten vollbracht haben und die nach ihrem Tode weiter wirken. Schon die Berührung der Gitterstäbe um den Sarkophag bringt *baraka*, «Segen». Heiligenschreine üben eine große Anziehungskraft auf die Gläubigen aus.

Gottesfreunde haben auch im Islam – wie man es vom Katholizismus her kennt – ganz spezielle Aufgaben: Die einen sorgen für glückliche Heirat und den ersehnten Kindersegen, andere für eine geräumige Wohnung und für Wohlstand. Wieder andere garantieren Gesundheit, helfen über die Hürden eines schwierigen Examens hinweg oder sichern eine erfolgreiche Karriere. Diese Aufgabenteilung kann auch beinhalten, dass einige Heilige besonders für Männer, andere wiederum nur für Frauen zuständig sind. Manche Muslime legen an den Gräbern ein Gelübde ab oder bringen als Dank für erfüllte Wünsche kleine Geschenke dar.

Während in Saudi-Arabien das Sufitum im Verborgenen existieren muss und in Iran die Derwisch-Orden weitgehend zurückgedrängt worden sind, ist der Heiligenkult in Nordafrika, aber auch in Syrien, der Türkei oder in Pakistan von großer Bedeutung. Die Zeitung «al-Ahali» berichtete beispielsweise Mitte Februar 2003 von 2850 derartigen Kultstätten von Heiligen allein in Pakistan, zu denen Männer wie Frauen pilgern. Hunderttausende rühmen sich insbesondere im südostasiatischen Raum ihrer Abkunft von Sufi-Heiligen. Eines der eindrucksvollsten Heiligtümer ist der Schrein des Lal Shabaz Qalandar, des «Roten Falken», in der pakistanischen Kleinstadt Sehwan, die zu den jährlichen Feierlichkeiten weit über eine halbe Million Pilger anzieht. Die Qalandar gehören einem im 13. Jahrhundert gegründeten Orden von Wander-Derwischen an, der sich jeder Einengung durch die festgefügten Riten der «Fünf Säulen des Islam» entzieht. Mit Musik, ekstatischen Rhythmen und gegebenenfalls auch berauscht von Drogen wiegen und tanzen sich die oft wilden Gesellen in einen Rausch der Sinne hinein, bei dem sie die Vereinigung mit Gott zu finden trachten.

**65. Verehren Muslime und Christen gemeinsam Heilige?** Wer sich einmal in Efes, dem alten Ephesus, im legendären Geburtshaus Marias, der Mutter Jesu, in die lange Schlange der Besucher eingereiht hat, findet sich mitten unter Christen und Muslimen wieder, die für sie in gemeinsamer Verehrung eine Kerze anzünden. Als im Jahre 1968 in Kairo die Kunde von einer Marienerscheinung über einem Kirchendach die Runde machte, warteten monatelang Muslime wie Christen auf eine Wiederholung der wunderbaren Erscheinung. Tatsächlich wird Maria in der islamischen Volksfrömmigkeit sehr viel mehr geehrt als Jesus.

Die Legende von den «Siebenschläfern» findet sich auch im Koran. Die 18. Sure, die den Namen «Die Höhle» trägt, schildert in den Versen 9–27 die Siebenschläfer mitsamt ihrem Hund, der später den Namen Qitmîr bekommen hat. Ägypten nimmt eine Grotte unweit von Kairo als ihr einstiges Versteck für sich in Anspruch. Ebenso werden Höhlen bei Efes wie auch bei Damaskus den Siebenschläfern zugeordnet, wobei nur Damaskus auch Qitmîr ein ehrendes Gedenken zukommen lässt in Form eines Steins, der einem Hundekopf ähnelt.

Kriss und Kriss-Heinrich beschreiben das einstmals freundschaftliche Verhältnis zwischen den türkischen Bektaschis und den Christen: «Dabei kam es vor, dass die Christen bektaschitische Heilige unter einem angenommenen christlichen Namen und Bektaschis ihrerseits christliche Heilige unter dem Namen eines Derwischs verehrten. So wurde vor allem das Grab von Hacı Bektaş selbst von den Christen ebenso gerne besucht wie von den Muslims, wobei es die ersteren als das Grab des hl. Charalambos ansahen.» Vor allem im Bereich des Volksglaubens können religiöse Elemente wie die Heiligenverehrung Religionen übergreifend zum Tragen kommen, während Orthodoxe solche Gemeinsamkeiten meist ablehnen.

## Die Scharia

**66. Ist die Scharia ein Gesetzbuch?** Wenn hierzulande das Wort «Scharia» fällt, denkt man sofort an Auspeitschen, Handabhacken oder Steinigung als im islamischen Gesetzbuch verankerte Körperstrafen, an Verstöße gegen die Menschenrechte oder an die Schreckensherrschaft der Taliban in Afghanistan. Doch ist dies viel zu kurz gefasst. Denn während der Begriff «Scharia» außer-islamisch weitgehend negativ besetzt ist, gilt er frommen Muslimen positiv als Richtschnur ihres gesamten Lebens.

Die Scharia ist kein Gesetzbuch und kann deshalb auch nicht übersetzt werden. Für den gläubigen Muslim ist sie die *allein maßgeb-*

*liche Norm*, die *an jedem Ort zu jeder Zeit* gültig ist. Die Scharia ist das Instrument, Hilfestellungen zu geben, zu gewährleisten, dass der verunsicherte Gläubige sich religiös in allen Lebenssituationen richtig verhält, und eröffnet ihm damit den Weg zum ewigen Heil.

Weil die Scharia ein System ist, welches das ganze Leben eines Muslim umspannt und bis ins kleinste Detail regelt, und weil sie zudem an jedem Ort der Welt gültig zu sein hat, ist sie aufgeteilt in die *kultischen Pflichten* gegenüber Gott, die «Fünf Säulen des Islam» *(ibâdât)*, und in die rechtlichen Bestimmungen wie moralischen Vorschriften *(muâmalât)*, die ein gesittetes und gerechtes Verhalten der Gläubigen untereinander gewährleisten sollen. Dabei sind die Interessen des Einzelnen immer denjenigen der Umma unterzuordnen. An der Scharia bemisst sich auch, ob und unter welchen Bedingungen der kämpferische Dschihâd durchgeführt werden muss oder welche völkerrechtlichen Verträge akzeptiert werden können. Die Menschenrechte werden unter das Verdikt der Scharia gestellt, was innerislamisch und mit der nicht-muslimischen Welt zu Konflikten führen kann, wenn es um die Gleichberechtigung der Frau geht, um den Umgang mit Andersgläubigen und Ungläubigen sowie um Meinungs- und Religionsfreiheit, insbesondere beim Abfall vom Islam. Die Scharia regelt über die Fatwas islamgemäße Verhaltensweisen bis in die Intimsphäre. Sie gibt aber gleichzeitig Halt und Gewissheit in allen Fragen, wie Gott wohlgefällig zu handeln sei.

Die Scharia hat heute – mit Ausnahme von Staaten wie Saudi-Arabien, Iran oder dem Sudan – in den meisten islamischen Ländern nur mehr oder weniger starken Einfluss auf die Gesetzgebung, insbesondere wenn das Familienrecht, Strafrecht, Erbrecht und Prozessrecht oder die Gleichberechtigung der Frau betroffen sind. Die Gesetze auch eines *nicht-islamischen* Landes sind zwar zu respektieren, aber nur sofern sie nicht der Scharia widersprechen. Bilden die Muslime aber die Mehrheit, so ist es ihre Verpflichtung, die Scharia durchzusetzen.

**67. Ist eine Fatwa ein Todesurteil?** Die Fatwa des Ayatollah Khomeini gegen Salman Rushdie, den Autor des Buches «Satanische Verse», dessen rastlose Flucht und die öffentliche Bücherverbrennung im englischen Bradford haben den Westen mit einer fremden Gattung religiöser Äußerung konfrontiert, die zutiefst erschreckt. Es hieß nämlich allenthalben, es handle sich hierbei um ein «Todesurteil». Tatsächlich aber ist eine Fatwa nichts anderes als ein autoritatives *religiöses Gutachten*, das nach abgestuften Kriterien bewertet, ob eine Handlung verpflichtend, Gott wohlgefällig oder verwerflich ist. Fatwas sind *rechtlich nicht bindend*. Wer mit einer Fatwa nicht zufrieden ist, mag eine nächste und gegebenenfalls noch weitere einholen; doch ist dies nicht die einhellige Meinung der Ulema. Weil es keine absolute Lehrautorität gibt, können mehrere, sogar gegensätzliche Gutachten nebeneinander bestehen.

Die exorbitante Bedeutung dieser Fatwa lag vor allem darin, dass Ayatollah Khomeini selbst sie wegen Beleidigung des Propheten und seiner Frauen erlassen und nicht – wie sonst üblich – anonymisiert, sondern direkt gegen Salman Rushdie richtete; somit hat er ihn gleichsam für «vogelfrei» erklärt. Dass sein Nachfolger Khamenei diese Fatwa erneuerte, hängt mit der schiitischen Vorstellung zusammen, dass sie mit dem Tod ihres Ausstellers erlischt. Fast gleichzeitig ereilte die Schriftstellerin Taslima Nasrin in Bangladesch dasselbe Schicksal wie Rushdie; sie konnte nach Schweden fliehen. Auch den hervorragenden Kenner des weltweiten Islamismus, Khalid Duran, traf eine in Amerika ausgestellte «Todes-Fatwa». Dies sind nur einige der in jüngster Zeit bekannt gewordenen Fälle, sozusagen die Spitze des Eisbergs.

Die solchermaßen in Verruf geratene Fatwa ist das Instrument, anhand von Bewertungskategorien verbindlich festzustellen, ob eine Handlungsweise oder eine zu treffende Entscheidung der Scharia entspricht und nicht etwa eine *bidʿa*, eine unzulässige Neuerung, oder sogar eine Häresie ist. In Anbetracht eines fehlenden zentralen Lehramts im Islam, vergleichbar dem des Papstes in der römisch-katholischen Kirche, sind Fatwas die übliche Hilfe bei der Klärung der Frage, wie man sich insbesondere bei neu auftretenden Gegenwartsproblemen religiös richtig verhält. Regierungen islamischer Länder lassen sich schwierige Entscheidungen, etwa bei einem Vertragsabschluss nach einem Krieg oder bei sozialen Reformen, gern durch Fatwas von Großmuftis (siehe dazu Frage 68) religiös absichern. Die Macht der Großmuftis war einst so groß, dass sie lange Zeit hindurch den Genuss von Kaffee als berauschendem Getränk oder fast ein Jahrhundert lang die Zulassung des Buchdrucks, der ihnen die Kontrolle über das Schrifttum zu entziehen drohte, zu verhindern vermochten. Andererseits konnte mit ihrer Unterstützung im ausgehenden 19. Jahrhundert den Briten wieder das Tabakmonopol entzogen werden, das die iranische Regierung ohne Rücksicht auf die heimischen Tabakanbauer und

-händler verkauft hatte. Aber nicht nur Regierungen, sondern auch Privatpersonen, Institutionen verschiedenster Art oder Gerichte – Richter wie auch Angeklagte – können Fatwas einholen. Die Palette der Bitten um Erstellung von Fatwas ist fast unendlich breit. Sie verraten die Sorgen und Nöte von Menschen, die beispielsweise in der Diaspora oder aber durch neue Techniken ihnen bislang unbekannten Situationen ausgesetzt sind. Aus westlicher Sicht mag man manchmal erschrocken sein, welche «Belanglosigkeiten» Ängste hervorrufen können. Den verunsicherten Gläubigen aber geben diese Auskünfte die Gewissheit, sich religiös korrekt zu verhalten. Fatwas sind – generell gesprochen – das wichtigste Instrument, um den Islam durch religiöse Gutachten zu konkreten Fragestellungen den Gegebenheiten und Bedürfnissen der Gegenwart anzupassen.

**68. Wie kommt eine Fatwa zustande?** Im Islam gibt es zwar keine allen Muslimen übergeordnete Lehrautorität; es sind aber mit den Mufti-Ämtern hierarchisch strukturierte Institutionen vorhanden, die für die Klärung von Glaubensfragen zuständig sind. Muftis oder – bei den Schiiten – Ayatollahs mit Fatwa-Kompetenz haben eine hervorragende Ausbildung in Theologie und islamischer Rechtskunde *(fiqh)* genossen und beherrschen die Methoden islamischer Rechtsfindung. Außerdem müssen sie über umfassende Kenntnisse in einer oder mehreren der vier sunnitischen Rechtsschulen (Hanafiten, Schafiiten, Hanbaliten und Malikiten) verfügen, als Schiiten in der dschafaritischen Rechtsschule. Seit dem 11. Jahrhundert gilt allerdings die freie Meinungsbildung als in höchstem Maße eingeschränkt: «Das Tor des *idschtihâd* ist geschlossen». Von wenigen Koryphäen abgesehen, hatten sich die Ulema auf die Nachahmung *(taqlîd)* der Fallbewertung der Rechtsschulen zu beschränken, was zur Erstarrung des Systems führte. Schiitische Gelehrte hatten jedoch einen größeren individuellen Entscheidungsspielraum, weil bei ihnen die «Vernunft» ein wesentliches Entscheidungskriterium ist; leider nehmen sie diese Chance kaum wahr.

Die machtvollen Mufti-Ämter mit dem Großmufti oder Landesmufti an ihrer Spitze stehen heutzutage in vielen Ländern im Dienste der jeweiligen Regierung und sind sogar weisungsgebunden. Fatwas bestimmter Theologenhochburgen von weltweitem Ansehen wie die Scharia-Abteilung der al-Azhar in Kairo oder die iranische schiitische Theologische Universität in Ghom (Qumm) haben ganz besonderes

Gewicht. Das gilt aber auch für einzelne unabhängige oder gar oppositionelle hoch angesehene Gelehrte, die kraft ihres Renommés Fatwas erstellen. Manche Bereiche verlangen spezielle Kenntnis von den Muftis; so haben beispielsweise islamische Banken einen eigenen Fiqh-Rat oder ein Scharia-Board, das bei Bedarf oder in regelmäßigen Abständen zusammentritt und Entscheidungen darüber fällt, wie man religionskonform handelt.

Für *Europa* wurde im Jahre 1987 der «European Council for Fatwa and Research» der FIOE in Großbritannien von überwiegend arabischen Gelehrten gegründet, dem Scheich Dr. Yusuf al-Qaradawi vorsteht, ebenso wie dem im Juli 2004 in London gegründeten «International Council of Muslim Clerics». Der den Muslimbrüdern zumindest nahestehende al-Qaradawi gilt als einer der führenden Köpfe in der sunnitischen Welt, und seine Rechtsauskünfte werden über zahlreiche Internetportale verbreitet (siehe Frage 88).

In Deutschland verfügen die einzelnen islamischen Dachverbände und Vereinigungen über derartige Gremien, meist in Verbindung mit entsprechenden Gelehrten im islamischen Ausland, die allerdings ohne Kenntnis der hiesigen Verhältnisse ihre Gutachten erstellen. Eine Fatwa, die von der Islamischen Religionsgemeinschaft Hessen (IRH) herausgegeben wurde und als «Kamel-Fatwa» in den Medien für Furore sorgte, beantwortete im Jahre 1999 die Anfrage von drei Schulmädchen, ob sie an einer mehrtägigen Klassenfahrt teilnehmen könnten, abschlägig, weil Mädchen und Frauen ohne einen (männlichen) Begleiter *(mahram)* nur 81 km weit reisen dürften; diese Entfernung entspricht der Tagesleistung eines Kamels.

Fatwas von allgemeinem Interesse werden regelmäßig, zum Beispiel in Presseorganen der Mufti-Ämter, bekannt gegeben. Oft mehrbändige Fatwa-Sammlungen sind heiß begehrt; in der Türkei kann man geradezu von Bestsellern sprechen. Die Fatwas diverser Institutionen und Gelehrter sind häufig über das Internet zu erhalten, FAQ («Frequently Asked Questions»)-Listen, die eine ähnliche Funktion haben, werden auch von hiesigen islamischen Organisationen wie dem «Zentralrat der Muslime in Deutschland (ZMD)» verbreitet.

**69. Warum werden nicht in allen islamischen Staaten die Körperstrafen gleichermaßen angewandt?** In fast allen islamischen Ländern gibt es heutzutage eine Mixtur von islamischem Recht und westlichen säkularen Gesetzen, wenn auch jeweils mit unterschiedlichen Gewichtungen. Meist als historische Relikte der Kolonialzeit sind französisches, englisches, niederländisches, italienisches, spanisches oder portugiesisches Recht eingeflossen und wirken bis heute nach. Im Falle der Türkei wurde im Jahre 1925 sogar das traditionelle islamische Recht völlig abgelöst, unter anderem durch das Schweizer Zivilgesetz beziehungsweise durch das italienische Strafgesetz. Aber erst ein Staat, in dem die Scharia auch in der Rechtsprechung verbindlich gilt, kann nach Meinung der Fundamentalisten als «islamisch» bezeichnet werden. Sobald in einem Land der muslimische Bevölkerungsanteil 50 Prozent übersteigt oder Muslime bei Wahlen die Regierungsmehrheit erlangen, ist es deren Pflicht, auch in einem bislang nicht-islamischen Land die Scharia durchzusetzen. Der Sudan und Nigeria veranschaulichen derartige Prozesse. Ein Beispiel für die Einführung der Scharia, die von einer einzelnen islamisierten Provinz ausgeht, ist das indonesische Aceh.

Das Hauptproblem bleibt, wie man heutzutage mit den einstmals im Koran und in der Sunna festgehaltenen Normen und Urteilen umgeht. Soll man sie weiterhin als ewiggültige Gesetze betrachten oder nur als Empfehlungen, die für heutige Situationen wegweisend sein sollten im Sinne göttlicher Rechtleitung? Oder soll man sich gar dazu durchringen, sie als Teil frühislamischer Geschichte einzuordnen und als überwunden zu betrachten?

## 70. Warum werden Ehebrecher ausgepeitscht oder gar gesteinigt?

In wenigen islamischen Ländern – wie Iran, Saudi-Arabien, Nigeria oder Sudan – verhängt man die Körperstrafen (*hadd*; Pl. *hudûd*), also Amputationen von Gliedmaßen bei Diebstahl, Auspeitschen und/oder Steinigung bei Unzucht (*zinâ*) und bei Homosexualität. Unter Unzucht ist vor- und außerehelicher Geschlechtsverkehr zu verstehen. Todeswürdig sind Abfall vom Glauben oder Fälle von Blutrache, wenn es zu keiner Ausgleichszahlung oder Vergebung der Gegenseite gekommen ist. Noch Anfang des 21. Jahrhunderts gingen Bilder von Steinigungen in Iran um die Welt, die zeigten, wie Männer bis zur Hüfte, Frauen bis zur Achsel in den Sand eingegraben waren. Über Kopf und Oberkörper waren weiße Leintücher gezogen, die sich unter dem Steinhagel der Umstehenden langsam blutrot färbten. Wer sich – so hieß es – hierbei befreien kann, gilt als unschuldig und wird nicht weiter verfolgt; doch wem sollte dies gelingen? Als humanitären Fortschritt sehen nicht nur iranische Menschenrechtsorganisationen bereits die seit 2002 praktizierte, wenn auch gesetzlich noch nicht geregelte Umwandlung von Steinigungsstrafen in Peitschenhiebe oder in Hinrichtung durch Erhängen.

In einem im Jahr 2000 in den «Flensburger Heften» veröffentlichten Interview mit Mesbah al-Metoali Hamad, Professor für Rechtswissenschaften an der al-Azhar-Universität, stimmte dieser vorbehaltlos einer derartigen Bestrafung zu, erklärte aber gleichzeitig, dass die Beweislast im konkreten Fall derart schwierig sei, dass sie kaum je zur Anwendung komme. Denn vier männliche Augenzeugen müssen das «Vergehen» bestätigen. Befürworter der Steinigung finden sich auch in Europa. Beispielsweise wurde der Enkel des Begründers der Muslimbruderschaft und Bruder Tariq Ramadans, Hani Ramadan, in Genf vorübergehend als Lehrer entlassen, weil er Steinigungen an Ehebrecherinnen guthieß. Der ehemalige langjährige Vorsitzende der Deutschen Muslimliga in Hamburg, Abdulkarim Grimm, erklärte im Internet, die Zeugenregelung habe es seines Wissens zur Zeit Mohammeds nicht gegeben, wohl aber die Steinigung nach Selbstbezichtigung. Er schreibt: «Die Schwere und weitreichende Konsequenz eines Ehebruchs rechtfertigt die drakonische Strafe auf jeden Fall.» Auch der frühere Vorsitzende des Zentralrats der Muslime in Deutschland (ZMD) verdammt diese Strafe nicht. Steinigung nach Selbstanklage ist durch Hadithe gut belegt, auch dass Mohammed versucht haben soll, ein solches Geständnis zu verhindern. Ferner soll er angeordnet haben, eine Schwangere gut zu behandeln und die Steinigung erst nach der Geburt zu vollstrecken. Mohammed sprach vor ihrem Tod ein Gebet für sie, weil sie bereut hatte. Die schon im Alten Testament geläufige Strafe der Steinigung soll im Islam auf den dritten Kalifen Umar zurückgehen.

Der Koran gibt das Strafmaß für Unzucht genau vor: «Wenn eine Frau oder ein Mann Unzucht begehen, dann verabreicht jedem von ihnen hundert (Peitschen)hiebe! Und lasst euch nicht angesichts (der Rechtsbestimmungen) der Religion Gottes von Mitleid mit ihnen erfassen, wenn ihr an Gott und den Jüngsten Tag glaubt! Und eine Gruppe von Gläubigen soll die Vollstreckung bezeugen.» (Sure 24:2) 100 Peitschenhiebe auf den Rücken einer 13jährigen, die unverheiratet geschwängert worden ist, kommen jedoch fast einem Todesurteil gleich; zumindest zerbricht die Psyche, nicht nur eines Kindes, an solch einer brutalen Misshandlung. Einige Hadithe verlangen zusätzlich zu den Peitschenhieben ein Jahr Verbannung.

Verleumdung ist ein besonders schweres Vergehen. 80 Hiebe treffen den Verleumder unschuldiger Frauen (Sure 24:4). Außerdem darf er nie mehr Zeuge vor Gericht sein. Tritt ein Sonderfall ein und der Ehemann behauptet – ohne Zeugen beigebracht zu haben –, seine Frau sei untreu, so muss er viermal vor Gott beschwören, dass sein Zeugnis wahrhaftig ist. Gottes Fluch kommt über ihn, falls er ein Lügner sein sollte. Dasselbe gilt für die Ehefrau, die ihrerseits beteuern kann, dass sie unschuldig sei und nicht falsch aussagen darf (Sure 24:6–9).

**71. Warum soll Dieben die Hand abgehackt werden?** Das Abhacken von Gliedmaßen wird mit folgendem Koranvers begründet: «Dem Dieb und der Diebin schlagt die Hände ab zur Vergeltung ihrer Taten! Dies ist als Vergeltung von Seiten Gottes zu verstehen. Gott ist mächtig und weise.» (Sure 5:38). «Die Vergeltung für die, die gegen Gott und seinen Gesandten Krieg führen und auf der Erde herumreisen, um Unheil zu stiften, soll dies sein, dass sie getötet oder gekreuzigt werden, oder dass ihnen Hände und Füße wechselseitig abgehackt werden, oder dass sie aus dem Land verbannt werden. Das ist für sie eine Schande im Diesseits und im Jenseits.» (Sure 5:33) Diebstahl in Notzeiten wird nicht hart geahndet. Die Strafe soll jedoch nicht vollstreckt oder zumindest stark gemildert werden, wenn der Täter oder die Täterin tätige Reue *(tauba)* an den Tag legt. Juristen haben – wenn auch unterschiedlich lange – Fristen festgelegt, innerhalb derer diese Umkehr erfolgt sein müsse. 19 Bedingungen müssten erfüllt sein, schrieb ein angesehener Theologe, ehe man zu solch drastischen Mitteln greifen dürfe. Heutzutage wird in solchen Ländern, in denen die Körperstrafen vollzogen und nicht durch Gefängnis abgelöst werden, die Hand bzw. auch das Bein meist fachmännisch amputiert, wobei zuerst die rechte Hand, dann der linke Fuß beziehungsweise bei weiteren Straftaten die linke Hand und der rechte Fuß folgen. Auf schweren Diebstahl steht gemäß dem iranischen Strafgesetz zu den Hadd-Strafen bei ersten Vergehen der Verlust der Finger der rechten Hand; einem Wiederholungstäter wird sein linker Fuß amputiert. Wenn er aber noch ein drittes Mal erwischt wird – eine Unternehmung, die ja eher theoretischer Natur sein dürfte –, muss der Täter eine lebenslange Haft verbüßen. Beim vierten Mal schließlich wird er zum Tode verurteilt. Der Delinquent hat mit der jeweiligen Bestrafung im Diesseits und im Jenseits seine Sünde abgegolten.

**72. Sind Ehrenmorde mit dem Islam begründbar?** Jährlich werden weltweit rund 5 000 Ehrenmorde begangen. In Deutschland sind laut Bundeskriminalamt von 1996 bis 2006 knapp fünfzig Fälle polizeilich bekannt geworden. Die Dunkelziffer ist jedoch sehr hoch, vor allem weil die Todesursache oft als Selbstmord getarnt wird. Ehrenmorde sollen die Familienehre wieder herstellen, wobei die Ehre des Mannes insbesondere von dem normgerechten Verhalten der Frauen seines Haushalts, also der Ehefrau und der Töchter, abhängt; doch fallen auch Männer – wenn auch viel seltener – unter dieses Verdikt. Ehrenmorde sind keine genuin islamische «Tradition», werden aber durch die schwache Position der Frauen zumindest erheblich erleichtert. Sie werden aus Brasilien, Italien, Ecuador und Indien gemeldet. Ganz besonders oft werden sie jedoch tatsächlich in islamischen Ländern verübt, am häufigsten in Gegenden, in denen noch Stammesbräuche lebendig sind. Wissenschaftliche Studien sind jedoch zu dem Ergebnis gekommen, dass Ehrenmorde in allen sozialen Schichten vorkommen. Auch die im Islam eingeschränkte Form der *Blutrache* muss unter diesen Oberbegriff subsumiert werden; denn auch hier wird die Ehre einer Familie erst dann wieder hergestellt, wenn Gleiches mit Gleichem vergolten worden ist, wobei jedoch Vergebung oder materieller Ausgleich vor Vergeltung bewahren kann und ein Gerichtsverfahren unabdingbar ist (siehe auch Frage 57).

**73. Was sagt die Scharia zur Homosexualität?** Die Familie ist die Basis der Umma, der Gemeinschaft der Gläubigen. Alles, was den Bestand der Familie gefährdet, schadet auch dem Islam. Deshalb gilt Homosexualität als ganz besonders verwerflich. Der Koran charakterisiert männliche Homosexualität am Beispiel von Sodom und Gomorrha (7:80 f; 26:165–175; 27:55 u. a.) als Inbegriff aller Sündhaftigkeit; lesbische Handlungen werden nicht erwähnt.

Der Konsens der islamischen Theologen befindet, dass alle Menschen von Natur aus heterosexuell sind. Homosexualität sei eine überwiegend pubertäre Perversion und – guten Willen vorausgesetzt – reversibel.

Grundsätzlich ist Homosexualität ein Tabuthema. Doch in der arabischen und persischen Dichtung spielt die homoerotische «Knabenliebe» eine nicht unerhebliche Rolle. Die Frage, ob die rigide Geschlechtertrennung im Islam homosexuelle Neigungen beider Geschlechter fördere, wird von Soziologen wie Fatema Mernissi bejaht. Wenn orientalische Männer auf der Straße Arm in Arm gehen, ist dies freilich noch kein Indiz für etwaige Homosexualität. In Ländern wie Saudi-Arabien oder Iran werden «überführte» männliche Homosexuelle mit dem Tode bestraft. In Iran erhalten lesbische Frauen 100 Peitschenhiebe, Unmündige 74 Peitschenhiebe. Der Großmufti von Russland erklärte Anfang 2006 Homosexuelle faktisch für vogelfrei, denn «Mohammed habe bereits befohlen, Homosexuelle zu erschlagen, weil ihre Betätigung zum Ende der menschlichen Gattung führe.»

Gesellschaftliche Ächtung, auch öffentliche Diskriminierung sind in allen islamischen Ländern üblich. Allerdings zeigt sich zaghafte Gegenwehr der Betroffenen. In der Türkei haben sich erstmals Homosexuelle am Christopher Street Day auf der Straße zu erkennen gegeben, teils mit erschreckenden Folgen. Im Juli 2005 gründete sich die Gruppe «Kaos», gegen die sofort gerichtlich vorgegangen wurde. Der erste deutsche Bundeskongress türkischstämmiger Homosexueller fand vom 7. bis 9. November 2003 in Berlin statt.

**74. Sind Geschlechtsumwandlungen erlaubt? Dürfen Schönheitsoperationen durchgeführt werden? Sind Tätowierungen gestattet?** Grundsätzlich verbietet der Islam irreversible Eingriffe in Gottes Schöpfung, es sei denn, sie dienten der Erhaltung und dem Schutz des Lebens. Geschlechtsumwandlungen, Schönheitsoperationen und Tätowierungen sind deshalb verpönt. Sonstige Operationen und Zahnbehandlungen sind hingegen meist erlaubt. Der vergängliche Körperschmuck, meist Henna-Einfärbungen der Haare sowie der Haut, ist gestattet und verschönt mit seinen oft sehr kunstvollen Mustern bei Hochzeiten oder anderen festlichen Gelegenheiten die Frauen. Inkonsequent ist der Islam hinsichtlich der Knabenbeschneidung, die sehr wohl in die gottgewollte Schöpfung eingreift und eine einschneidende und irreversible Körperverletzung wehrloser Kinder darstellt (siehe auch Frage 77).

**75. Sind Geburtenkontrolle und Abtreibung erlaubt, und wie steht der Islam zur Adoption?** Im Gegensatz zur römisch-katholischen Lehre ist im Islam Verhütung gestattet, falls beide Ehegatten einverstanden sind. Die empfohlene Methode ist der Coitus interruptus. Die Sterilisation hingegen ist als nicht zu revidierender Eingriff untersagt.

Auf der 3. Weltbevölkerungskonferenz der Vereinten Nationen in

Kairo im Jahre 1994 verweigerten sowohl die römisch-katholische Kirche als auch die Vertreter der islamischen Staaten ihre Unterschrift unter ein Dokument, das die Abtreibung relativ großzügig regeln sollte. Umstritten ist unter muslimischen Theologen insbesondere die Frage, ab welchem Zeitpunkt ein Fötus «beseelt» ist und somit nicht mehr abgetrieben werden darf: ab dem Tag der Befruchtung oder ab dem 60., 90. oder 120. Tag. Nach der «Beseelung» ist der Schwangerschaftsabbruch verboten. Die heutigen Ulema sind dabei weitaus restriktiver als ihre Kollegen im Mittelalter. Wenn während einer Schwangerschaft oder bei der Geburt die medizinische Indikation die Entscheidung abverlangt, entweder das Leben der Mutter oder des Kindes zu retten, so hat im Islam stets das Leben der Mutter Priorität. Diese Meinung stand noch bis 1976 im Gegensatz zur römisch-katholischen Lehre, die im Zweifelsfall stets dem Überleben des Kindes den Vorzug gegeben hatte, jetzt aber eine Einzelfallentscheidung des Arztes im Sinne der Gleichwertigkeit des Lebens von Mutter und Kind zulässt.

Die Adoption ist im Islam verboten (Sure 33:4 f, 37). Der Koran bezieht sich auf Mohammeds Ziehsohn Zaid, dessen Frau Zainab Mohammed nach der Scheidung geehelicht hat (siehe Frage 10). Wenn allerdings der Adoptionswillige zugleich der biologische Vater des Kindes ist, kann eine solche Möglichkeit akzeptiert werden. Der Waisen soll man sich auf andere Art annehmen, indem man z. B. auch die *zakât* für sie verwendet.

Im Islam ist die genealogische Abstammung von höchster Wichtigkeit. Unfruchtbarkeit lastet in der islamischen Welt schwer auf Ehepaaren. Der Druck, schon bald nach einer Eheschließung Nachwuchs zu produzieren, ist sehr groß. Einen Ausweg aus dieser Situation gibt es kaum, solange weder die Adoption noch jede Art der künstlichen Befruchtung mit genetischem Material, das nicht von miteinander verheirateten Menschen stammt, zugelassen werden. Leihmutterschaft ist auch dann verboten, wenn die Leihmutter eine andere Frau innerhalb einer polygamen Ehegemeinschaft ist, weil dann nicht klar sei, ob das Kind von der Mutter, die das Ei gegeben hat, oder von der Leihmutter stamme; offenbar spielt die DNA-Analyse, die ja die Mutterschaft klären könnte, keine entscheidende Rolle. Wenn es sich herausstellt, dass das gezeugte Kind von einem außerehelichen, also genetisch nicht verwandten Menschen stammt, stuft die Weltmuslimliga solche Verfahren als Ehebruch und damit ebenfalls als scharia-rechtlich verboten ein. Deshalb suchen aus dem Maghreb kommende Ehepaare insbesondere in Frankreich um künstliche Befruchtung nach. Aber auch in arabischen Ländern selbst umgeht man diese Gebote. In Ägypten gab es im Jahre 2003 bereits vierzig Zentren, die auf Reproduktionsmedizin spezialisiert waren. Gesetzliche Regelungen lassen in den meisten islamischen Ländern noch auf sich warten. In der Türkei wird allerdings Adoption erlaubt; sie ist seit dem 1. Januar 2002 in präzisierter Fassung legalisiert worden.

**76. Dürfen Organtransplantationen durchgeführt werden? Sind Bluttransfusionen erlaubt? Ist Klonen gestattet?** Der Islam ist eine lebensbejahende und in vielen Dingen praktische Religion. Lebensrettende Organtransplantationen sind zumindest theoretisch gestattet, wobei die Kriterien für die Feststellung des Todes des Spenders irreversibler Herz- und Atemstillstand oder Hirntod sind; allerdings gibt es dafür – wenn überhaupt – keine einheitliche Rechtsgrundlage in den diversen islamischen Ländern, weshalb die Lebendspende von Nieren deutlich weniger Probleme macht. Der Großmufti von Ägypten hat hier eine Vorreiterrolle übernommen und seine sterbliche Hülle zur Organtransplantation freigegeben. Auch wenn dieser Schritt bei einem Mann seines Alters nur von symbolischer Bedeutung sein mag, so hat dies doch eine deutliche Signalwirkung auf noch unentschlossene Theologen. Er demonstrierte jedenfalls auf diese Weise, dass die «Totenruhe» dadurch nicht angetastet wird und dass keine negativen Folgen für die Auferstehung des Leibes im Jenseits zu befürchten sind. Umfangreiche Transplantationen erfordern meist Bluttransfusionen, die zulässig sind.

Die Meinungen der muslimischen Theologen über das Klonen sind gespalten. Die ultraorthodoxen saudi-arabischen Wahhabiten erklären, das Klonen eines ganzen Menschen sei verboten, hingegen nicht das durch Klonen reproduzierte Herz oder andere Körperteile; denn diese seien für sich genommen nicht lebensfähig. Anfang 2003 stellte der Mufti Ahmad at-Tayyib für das ägyptische Justizministerium die international folgenreiche Fatwa aus, dass therapeutisches Klonen – im Gegensatz zum reproduktiven Klonen – schariagemäß und deshalb gestattet sei. Fast gleichzeitig erklärte der Großscheich der al-Azhar in Kairo, Muhammad Tantawi, Klonen sei erlaubt, weil es sich um keine creatio ex nihilo handle, die Gott allein vorbehalten ist, und nur, wenn der Prozess des Nachwuchs-Klonens im ehelichen Rahmen erfolge, so dass die väterliche Abkunft gesichert sei. Schon einige Jahre zuvor hatte der bedeutende syrische Mufti Wahba az-Zuhaili Klonen unter derselben Bedingung als religiös unbedenklich eingestuft. Andere Theologen sehen freilich im Klonen eine verbotene Nachahmung des göttlichen Schöpfungsaktes und lehnen es kategorisch ab. Auffällig ist, dass im religiösen Diskurs über das Klonen der Aspekt der Menschenwürde kaum Beachtung findet.

**77. Schreibt der Islam die Beschneidung von Knaben und Mädchen vor?** Das Judentum kennt keine Mädchen- und Frauenbeschneidung; doch gilt ihm Genesis 17 als zwingende Vorschrift für die Zugehörigkeit zum «Abraham-Bund», wobei die Beschneidung der Knaben am achten Tag nach ihrer Geburt, die von Männern bei ihrem Übertritt zum Judentum üblich ist. Für den Islam gilt, dass der Koran weder die Beschneidung von Knaben noch die von Mädchen verlangt. Allerdings wird die Knabenbeschneidung als «Gott wohlgefällig» betrachtet, weil nach der Sunna Mohammed selbst – wie es bei etlichen arabischen Stämmen Brauch war – beschnitten gewesen sein soll und es seinem Vorbild stets nachzueifern gilt. Offenbar handelt es sich um einen althergebrachten Initiationsritus, der die Aufnahme der Knaben in die Männerwelt besiegeln soll. Der Zeitpunkt der Beschneidung liegt nicht fest. Tatsächlich wird heutzutage die Zircumzision manchmal schon kurz nach der Geburt durchgeführt, meist jedoch erst in der Zeit zwischen Schuleintritt und einem Alter von etwa zwölf Jahren. Reiche Eltern lassen anlässlich der Beschneidung ihres eigenen Kindes auch ärmere Jungen mit beschneiden und beziehen sie in das anschließende Fest ein. Die Knaben werden nach der Prozedur oft in Fantasie-Uniformen gesteckt, auf einem Schimmel, einem geschmückten Wagen oder im Auto durch die Ortschaft geführt und mit Geschenken bedacht. In manchen Moscheen werden auch Massenbeschneidungen von bis zu hundert Knaben durchgeführt. Gewerbsmäßige Beschneider, teils ausgebildete Ärzte, reisen allein zu diesem Zweck auch durch die Bundesrepublik.

Es wäre falsch, diese Eingriffe an Kindern als Bagatelle abzutun. Sie können traumatische Folgen haben, und wenn – wie teils immer noch üblich – Knaben mit unsterilen Instrumenten oder Beschneidungsmaschinen operiert werden, können die Eingriffe zu Infektionen führen. Schreckt die Beschneidung Männer von der Konversion zum Islam ab, dann soll sie gemäß einer Fatwa des besonders strengen vormaligen saudi-arabischen Großmufti Ibn Baaz allerdings nicht zur Bedingung für den Übertritt gemacht werden.

Die Beschneidung sowie die Infibulation von Mädchen und jungen Frauen wird in ihrer schlimmsten, nicht selten tödlichen «pharaonischen» Form im Ausbreitungsgebiet des alten Ägypten, im Sudan und in einigen afrikanischen Ländern auch bei manchen christlichen Stammesgruppen praktiziert. Die Schafiiten führen eine «gemäßigtere» Art der Operation durch. In jedem Fall führt diese Beschneidung zu bleibenden Schäden bei den betroffenen Mädchen und Frauen; Inkontinenz und Frigidität gehören zu den häufigsten Folgen für die, die den Eingriff überleben. Das unsägliche Leid wird immer noch Millionen und Abermillionen von Mädchen und Frauen zugefügt. Unfassbar ist, dass Frauen wie die zeitgenössische türkische Autorin Dr. Sevim Asimgil in Bestsellern wie «Benim Müslüman Yavrum» («Mein muslimisches Kleinkind») die in der Türkei völlig unübliche Mädchenbeschneidung auch noch als «Gott wohlgefällig» anpreisen.

Der sudanesische Großmufti hatte schon in den 30er Jahren des 20. Jahrhunderts eine Fatwa gegen dieses entsetzliche Ritual herausgegeben; doch haben Imame dessen religiöse Beurteilung unterlaufen, ist doch durch die Infibulation, das weitgehende Zunähen der Vagina, die Keuschheit der Mädchen gesichert; dies gilt auch für die Frauen, die vor jeder Geburt wieder geöffnet werden und danach dieselbe Tortur des Wiederzunähens durchmachen müssen. Mit der Religion Islam hat diese aus vorislamischer Zeit stammende Praxis sehr wenig zu tun, wenn auch Mohammed ein Ausspruch zugeschrieben wird, dass man der Frau wenig von der Klitoris wegnehmen solle, damit ihrem Ehemann, aber auch ihr selbst die Lust nicht genommen werde. Auf einer Tagung am 22. und 23. November 2006, die auf die Initiative der Menschenrechtsorganisation TARGET in der al-Azhar-Universität in Kairo einberufen worden war, gelang der längst überfällige und dennoch sensationelle Durchbruch. Höchstrangige Gelehrte und Mediziner – unter ihnen der Großscheich der al-Azhar Tantawi, der ägyptische Religionsminister Zakzouk, Scheich al-Qaradawi und der ägyptische Großmufti Goma'a – kamen zu folgendem Ergebnis: Das Hadith, das die Beschneidung befürwortet, ist schwach und nicht gültig. Die Genitalverstümmelung verstößt gegen einen der höchsten Werte des Islam, dem zufolge den Menschen unbegründet kein Schaden zugefügt werden darf. Die Gesetzgeber sollen dieses Verbrechen unter Strafe stellen.

## Der Islam und andere Religionen

**78. Wie wird man Muslim?** Christ wird man durch die Taufe, Jude als Kind einer jüdischen Mutter. Nach islamischer Auffassung wird *jeder* Mensch «von Natur aus» *(fitra)* als Muslim geboren. Erst die Eltern würden ihr Kind durch falsche Erziehung verbiegen und zum Christen, Sikh oder Buddhisten machen. Ziehen Eltern als gute Muslime ihr Kind im rechten Glauben auf, dann wird dadurch nur dessen *ursprüngliche* religiöse Identität bewahrt und gestärkt. Der Übertritt zum Islam ist leicht zu bewerkstelligen. Es genügt, vor mindestens zwei oder vier männlichen Zeugen das Glaubensbekenntnis auszusprechen. Dabei muss der Konvertit laut oder leise für sich die «Absichtserklärung» *(niya)* formulieren, die besagt, dass er nachhaltig willens ist, diesen Schritt zu vollziehen und nicht etwa aus einer augenblicklichen Laune heraus handelt. Gemeinhin wird darauf geachtet, dass der Übertrittswillige religionsmündig und im Vollbesitz seiner geistigen Kräfte ist.

Das «Islamische Zentrum Münster» gibt eine «Urkunde über die Annahme des Islam» heraus, die unter Angabe persönlicher Daten (Geburtsdatum und -ort, Nationalität, Ausstellungsdatum, ehemalige Konfession) die Annahme des Islam bescheinigt. «Vorher haben wir mit dem Antragsteller über die Grundzüge des islamischen Glaubens gesprochen: Seine Prinzipien, die fünf Säulen, was dem islamischen Recht zufolge erlaubt und was verboten ist; wir haben ihn außerdem über seine Rechte und Pflichten aufgeklärt. Ebenso haben wir uns der Aufrichtigkeit seines Anliegens vergewissert und sichergestellt, dass dies tatsächlich seinem Wunsch entspricht und aus freien Stücken geschieht. Er hat daraufhin die Annahme des Islam durch das Glaubensbekenntnis bekräftigt.» Schließlich wird bezeugt und bescheinigt, dass der Konvertit «folgenden muslimischen Namen angenommen» hat. Dem Neuankömmling bleibt es dabei zumindest theoretisch freigestellt, ob er einen islamischen Namen annehmen will oder nicht. Wie der «Zentralrat der Muslime in Deutschland» (ZMD) bescheinigt, «dürfen Muslime keinen Namen tragen, dessen Bedeutung im Widerspruch zu den Glaubensgrundsätzen des Islam oder zu seiner Lehre steht. Der Name «Christine» darf von Musliminnen nicht geführt werden, da er die Zugehörigkeit zum Christentum bezeichnet. Bei einer muslimischen Person stellt diese Bezeichnung einen Widerspruch zur eigenen Glaubensüberzeugung und einen

Verstoß gegen die islamische Lehre dar.» Diese Vorschrift gilt für alle dezidiert christlichen Namen wie «Christa», «Christian», «Christoph» oder auch «Paul»; denn dem Apostel Paulus wird seitens des Islam die Schuld an der «Verfälschung» des ursprünglich richtigen Evangeliums Jesu zugeschrieben.

Der Übertritt zum Islam wird in der Regel in Gegenwart eines Imams und der männlichen Zeugen in einer Moschee vollzogen und bescheinigt. In Deutschland existiert keine zentrale Stelle, die Übertritte zum Islam registrieren würde, so dass niemand wirklich genau weiß, wie viele der hiesigen Muslime Konvertiten sind.

**79. Was gilt als «Apostasie», und darf ein Muslim zu einer anderen Religion übertreten?** Nichts ist im Islam problematischer, als der Apostasie (arabisch: *irtidâd*) bezichtigt zu werden. Als Apostat oder «Ungläubiger» gilt, wer die Einzigkeit Gottes anzweifelt, indem er beispielsweise an die Trinität als eine «Drei-Gott-Lehre» glaubt oder sonstigen Polytheismus betreibt, ferner wer den Koran verunglimpft oder das Ansehen Mohammeds entehrt und dessen Frauen beleidigt, wer dem Islam den Rücken kehrt und zu einer anderen Religion übertritt oder Atheist wird. Innerislamisch sehen ultra-orthodoxe Muslime bereits darin *kufr*, «Unglauben», wenn die täglichen Ritualgebete nicht eingehalten werden. Im Koran ist allerdings keine diesseitige Strafe festgelegt, sondern sie wird Gott anheim gestellt (z. B. Sure 4:136 f). Doch fordert ein Hadith: «Wer seine Religion wechselt, den tötet!» Die Abkehr vom Islam ist somit die schwerste aller Sünden. Aber selbst hier gilt, ebenso wie bei jedem anderen Fehlverhalten, dass Reue (*tauba*) und Rückkehr in die Gemeinschaft erwünscht sind. Ist allerdings die dafür vorgesehene Frist verstrichen und steht der Bruch mit dem Islam *unwiderruflich* fest, hat dies für den *kâfir*, «den Ungläubigen», meist verheerende Konsequenzen. Wird ein Muslim zum «Ungläubigen erklärt» *(takfir)*, so wird – wie im Falle des ägyptischen Gelehrten und Koranexperten Abu Zaid durch Gerichtsbeschluss – die Ehe aufgelöst, weil ein Nicht-Muslim nicht mit einer Muslimin verheiratet sein darf. Günstigstenfalls verliert der Apostat «nur» seine berufliche Stellung und wird mitsamt seiner Familie gesellschaftlich geächtet. Der Entzug der Kinder, Enterbung und Enteignung sind oft die Konsequenz. In einigen islamischen Ländern droht sogar der Tod.

Von Gefängnis, öffentlicher Hinrichtung oder auch von Lynchjustiz sind jene bedroht, die Muslime vom rechten Weg abbringen, also beispielsweise die christlichen *Missionare*. Denn: «Der Versuch (Gläubige zum Abfall vom Islam) zu verführen, wiegt schwerer als Töten. Und sie werden nicht aufhören, gegen euch zu kämpfen, bis sie euch von eurer Religion abbringen – wenn sie es können» (Sure 2:217).

**80. Welche Rolle spielen im Islam Maria und Jesus?** Die einzige biblische Frau, die im Koran namentlich erwähnt wird, ist Maria (Maryam), die Mutter Jesu. Nicht einmal Eva ist diese Ehre zuteil geworden. Nur drei weitere christliche Gestalten werden im Koran mit Namen genannt: Zacharias, dessen Sohn Johannes der Täufer (dazu Sure 19:1–15) und Jesus.

Die Engel weisen Maria eine Sonderrolle zu: «O Maria! Wahrlich Gott hat dich auserwählt und gereinigt und vor den Frauen aller Erdenbewohner auserwählt.» (Sure 3:42) Die 19. Sure trägt gar den Titel «Maryam». Sie enthält die Geschichte von der Empfängnis der jungfräulichen Maria, von der schmerzhaften Geburt und von dem neugeborenen Jesus, der ihr sagt, wie sie sich wieder stärken kann und wie sie sich verhalten soll, um den Verleumdungen der Menschen wegen der vaterlosen Geburt zu entgehen. Die Erzählung (Sure 19:16–36) endet mit dem Zeugnis des soeben geborenen Jesus, dass Gott ihn zum Propheten erkoren und ihm die Liebe zu seiner Mutter aufgetragen habe.

Im Übrigen ist das Bild, das im Koran von Maria gezeichnet wird, weitgehend vom orientalischen Christentum übernommen, vermutlich auch die Hineinnahme Marias in die *Trinität* an Stelle des Heiligen Geistes: «Und wenn Gott fragen wird: ‹Jesus, Sohn Marias, warst du es, der zu den Menschen sagte: ‹Nehmt euch neben Gott mich und meine Mutter zu Göttern?›, dann wird er sagen: ‹Preis sei dir! Es steht mir nicht zu, etwas zu sagen, wozu ich kein Recht habe. Hätte ich es gesagt, dann wüsstest Du es. Du weißt, was in meinem Inneren ist; ich aber weiß nicht, was in Deinem Inneren ist›. Du bist der, der die unsichtbaren Dinge alle weiß.» (Sure 5:116) Sowohl Maria als auch Jesus sind bei aller Auszeichnung durch Gott aber bloße *Menschen*, was sich, so der Koran, auch beweisen lässt; denn beide nehmen Nahrung zu sich (Sure 5:75), die wundersamerweise immer zur Verfügung steht (Sure 3:37).

Die christliche Lehre von der Trinität – Gott als Vater, Sohn und

Heiliger Geist – wird im Koran so verstanden, als sei von drei Göttern die Rede (z. B. Sure 4:171). Der Begriff dafür ist *schirk*, «Beigesellung» oder «Polytheismus», also Häresie der allerschlimmsten Art. Über hundert Koranstellen betonen, dass es nur einen Gott gibt (siehe auch Frage 16).

Der neugeborene Jesus (Îsâ) bezeugt: «‹Ich bin der Knecht Gottes. Er ließ mir das Buch zukommen und machte mich zu einem Propheten. Und Er machte mich gesegnet, wo immer ich bin. Und Er trug mir auf, das Gebet und die Abgabe (zu erfüllen), solange ich lebe. Und Friede sei über mir am Tag, da ich geboren wurde, und am Tag, da ich sterbe, und am Tag, da ich wieder zum Leben erweckt werde.›» Mit dem «Buch» meint Jesus das «Evangelium», *indschîl*.

Jesus wird im Koran mehrfach als *al-masîh*, «der Messias», bezeichnet (z. B. Sure 4:171). Allerdings ist damit nicht ein spezifisch messianisches Verständnis im Sinne der jüdischen Tradition verbunden, sondern das Wort wird eher als religiös belangloser Ehrentitel gebraucht. So verwundert es nicht, dass Jesus im Koran bescheiden seinen Platz kennt und einnimmt: «Der Messias war nie zu stolz, ein Knecht Gottes zu sein.» (Sure 5:17 u. a.) Wenn der Koran Jesus *kalima*, also «Wort» Gottes nennt (Sure 3:39–45; 4:171), dann besagt dies nur, dass Jesus zum einen durch Gottes Schöpfungswort «sei!» (*kun*) und zum anderen durch das Einhauchen des Geistes Gottes (*rûh*) geschaffen worden ist und dass er dieses Wort als Gesandter und Prophet verkündigt hat. An ein Verständnis im Sinne des präexistenten «Logos» des Johannesevangeliums (1,1.14) ist keinesfalls zu denken.

Wie Mose nimmt auch Jesus eine herausragende Stelle unter den Propheten ein. So darf er beim Jüngsten Gericht Fürbitte einlegen. Er ist es auch, der – zumindest im Volksglauben – vor dem Tag der Auferstehung die Ungläubigen zum Islam als dem wahren Glauben bekehren wird.

Nach verbreiteter islamischer Meinung hat Jesus sogar bereits Mohammed als Gesandten Gottes angekündigt, sozusagen als Dritten im Bunde: nach Mose und Jesus nun auch Mohammed: «Als Jesus, der Sohn der Maria, sprach: ‹O ihr Kinder Israels! Ich bin wirklich Gottes Gesandter für euch, bestätigend die Thora, die vor mir war, und einen Gesandten ankündigend, der nach mir kommen und dessen Name Ahmad sein wird.›» (Sure 61:6) Für diese Interpretation werden heutzutage griechischsprachige Textstellen im Johannesevangelium (Johannes 14,16; 15,26 und 16,7) herangezogen, wo vom Kommen eines *parákletos*, eines «Parakleten» bzw. «Beistands», die Rede ist. Die Muslime gehen davon aus, dass statt dessen *períkletos*, «der Gepriesene», gemeint sei, was auf Arabisch sowohl «Muhammad» als auch «Ahmad» heißt: Beide Namen haben den gemeinsamen Wortstamm «h-m-d» in der Bedeutung von «preisen». «Muhammad» ist ein «m» vorgeschaltet, weil es sich um ein Partizip im Sinne von «der Gepriesene» handelt. So habe Jesus selbst das Kommen des Propheten Mohammed vorhergesagt.

Jesus vollbrachte *Wunder*. Als einzige Gestalt des Korans erweckte er Tote zum Leben und belebte mit seinem Odem und mit dem Schöpferwort *kun*, «sei», tote Materie (Sure 3:59). In einem einzigen Koranvers zusammengefasst sind die Wunder Jesu: Er hat schon als Neugeborener wie ein Erwachsener gesprochen; er hat aus Lehm Vögel geformt und ihnen Leben eingehaucht; Blinde und Aussätzige hat er geheilt und Tote lebendig gemacht. Alle diese Wunder konnte er freilich nicht aus eigener Kraft, sondern nur mit der Erlaubnis Gottes vollbringen (Sure 5:110). Als die Jünger von Jesus verlangten, «sein Herr» möge als Zeichen einen Tisch mit Speisen vom Himmel herabsenken, da bat er Gott darum, und sein Wunsch wurde erfüllt (Sure 5:112–115). Dieses Wunder wird einmal mehr zum Anlass für das Zeugnis von Jesus selbst, dass es nur einen einzigen Gott gibt (Sure 5:116; 3:49). Einige christliche Theologen interpretieren diesen Koranvers allerdings als einen Hinweis auf das Abendmahl beziehungsweise die Eucharistie-Feier.

Nach islamischer Vorstellung ist Jesus nicht am Kreuz gestorben und musste keine derart schreckliche Demütigung erdulden. Grundsätzlich gab es auch gar keine Veranlassung, die Menschheit zu erlösen. Wie Jesus gestorben ist, bleibt im Koran offen. Die Vorstellung, dass ein anderer an seiner Stelle getötet worden sei, kommt aus der Gnosis. «Sie sprachen: ‹Siehe, wir haben den Messias, den Sohn der Maria, den Gesandten Gottes, getötet› – doch sie töteten ihn nicht und kreuzigten ihn nicht, sondern es erschien ihnen nur so (oder: es erschien ihnen ein anderer ähnlicher). Und siehe, diejenigen, die darüber uneins sind, sind wahrlich im Zweifel über ihn. Sie wissen nichts davon, sondern folgen nur Vermutungen. Und sie töteten ihn mit Gewissheit nicht. Ganz im Gegenteil: Gott erhöhte ihn zu sich. Und es gibt keinen von den Leuten der Schrift, der nicht (noch) vor seinem Tode an ihn glauben würde. Und am Tage der Auferstehung wird er

Zeuge über sie sein.» (Sure 4:157–159; vgl. auch 3:55). Bei allem Respekt, den die Muslime ihren Propheten zollen, spielt Jesus im Vergleich mit Mohammed eine deutlich untergeordnete Rolle.

**81. Was unterscheidet den Koran von der Bibel?** Die christliche Bibel ist zweiteilig, aufgegliedert in das Alte Testament, das den älteren jüdischen Glauben vor-talmudischer Zeit widerspiegelt und eine der Vorgaben für den christlichen Glauben bietet, und in das Neue Testament, die rein christliche Glaubenslehre, die von verschiedenen Autoren dargestellt wird. Die Berichte über Jesus von Matthäus, Markus, Lukas und Johannes sind in den Evangelien niedergelegt. Dem katholischen Alten Testament sind aus protestantischer Sicht weitere «apokryphe» Schriften beigefügt. Der Koran hingegen ist sozusagen aus einem Guss. Er enthält alles, was Gott einst Mohammed mitgeteilt hat.

Oberflächlich gesehen gibt es viele Gemeinsamkeiten des Korans mit der Bibel, insbesondere mit dem *Alten Testament*. Auch im Koran erschafft Gott Himmel und Erde. Er formt Adam und macht ihn zu seinem Sachwalter auf Erden. Adam und seine Frau werden aus dem Paradies vertrieben. Die Geschichte von Kain und Abel hat ebenfalls ihren Niederschlag im Koran gefunden, ebenso die Erzählungen von der Sintflut, vom Untergang von Sodom und Gomorrha, von Joseph und Potiphars Weib, von Abraham und Mose. Auch die Zehn Gebote, die Könige David und Salomo samt der Königin von Saba und nicht zuletzt Hiob spielen im Koran eine Rolle.

Die *neutestamentlichen* Gestalten Jesus und Maria haben im Koran eine große Bedeutung (siehe Frage 80). Gott ist auch im Koran der Richter, der am Jüngsten Tag über das Geschick der Menschen entscheidet. Die biblischen Vorstellungen von Paradies und Hölle, von den Engeln und vom Teufel und vieles andere mehr finden sich auch im Koran.

Bei genauerem Hinsehen zeigen sich aber erhebliche Unterschiede in der Behandlung gemeinsamer Stoffe. So verführt im Koran nicht Eva den Adam dazu, die Frucht vom Baum der Erkenntnis zu verspeisen, sondern der Teufel (Iblîs) selbst, und dieser auch nicht in Gestalt einer Schlange. Gott vertreibt zwar die beiden ersten Menschen aus dem Paradies; aber anschließend versöhnt er sich wieder mit ihnen und vergibt ihnen in seiner großen Barmherzigkeit. Es gibt folglich keine Erbsünde; somit sind auch keine weitere Sühne und Erlösung der Menschheit nötig. Die Geschichte von Kain und Abel ist im Koran ein Lehrstück für die Umma: Man darf zwar keinen Brudermord begehen, aber wenn es um die Existenz der Gemeinschaft der Muslime geht, kann die Tötung des Feindes sogar geboten sein. Auch die Josephsgeschichte ist verändert (siehe die 12. Sure): Potiphars Weib erklärt ihren Freundinnen, warum sie Joseph nicht widerstehen konnte, obgleich dieser sich ihr verweigerte; nicht ganz schlüssig ist für einen heutigen Leser freilich, warum Joseph dennoch im Gefängnis landet. Einige Erzählungen - wie z. B. die lediglich aufgelisteten Wunder Jesu - sind nur stark verkürzt wiedergegeben, so dass man vermuten kann, sie seien den Hörern bekannt gewesen und deshalb nur angedeutet worden. Dabei kommt es dem Koran nicht darauf an, die Wunderberichte auszumalen, sondern er will vor allem zeigen, dass Jesus diese Wunder gar nicht alleine vollbringen konnte. Deshalb steht hinter jeder einzelnen Erwähnung eines Wunders Jesu die für den Koran wichtige Einschränkung «mit Gottes Erlaubnis».

Manche Besonderheit des Korans mag auch aus nach-biblischen Überlieferungen zu erklären sein, etwa die Vorstellung, Maria sei Teil der christlichen Trinität, oder die Erweiterung der Geschichte von Kain und Abel durch das Motiv des Raben, der im Boden scharrte, um Kain zu zeigen, wie er den Leichnam Abels bedecken könne. Kains Unfähigkeit, wie der Rabe zu handeln, bringt ihn dazu, seine Tat zu bereuen (Sure 5:31). Dieses Motiv kommt auch in einem jüdischen Midrasch vor. Anderes findet sich in der apokryphen christlichen Literatur, etwa das Wunder Jesu, der von ihm aus Lehm geformte Spatzen belebt (Sure 5:110), von dem die «Kindheitserzählung des Thomas» berichtet. Sicherlich muss man dem Koran seine eigene Deutung bestimmter tradierter Stoffe zugestehen, wie ja auch im Neuen Testament alttestamentliche Stoffe stark verändert worden sind. Muslime sehen dies freilich anders, denn für sie entsprechen allein die Wiedergaben im Koran der von Gott geoffenbarten Wahrheit.

Die unterschiedliche Wertigkeit von Bibel und Koran hat zur Folge, dass die Theologen nicht in gleicher Weise an ihre Quellentexte herangehen: die Muslime gehen bis heute meist ahistorisch und interpretierend, die Christen in der Moderne überwiegend kritisch und analytisch vor. Um es kurz zu fassen: Die Bibel ist aus christlich-theologischer Sicht ein Bericht, der Koran für Muslime hingegen authentisches Wort Gottes.

**82. Was sind die grundsätzlichen Unterschiede zwischen Islam und Christentum?** Der Islam ist eine Religion der *Orthopraxie*, denn auf das richtige Handeln kommt es an; das Christentum dagegen kann man als eine Religion der *Orthodoxie*, der rechten Lehre, definieren. Dennoch lässt sich unter dem Aspekt der «Werkgerechtigkeit» eine gewisse Nähe zum Katholizismus feststellen. Ähnlich dem Judentum ist auch der Islam fast «Gesetzesreligion»; jede auch noch so geringfügig erscheinende Handlung ist nach religiös begründeten Kriterien *verboten*, *geboten* oder *erlaubt*.

Der Gott der Christen ist ein *liebender* als der eine, einzige Gott; der Gott der Muslime ist ein *barmherziger*, auch er als der eine, einzige Gott. Die Christen gebrauchen das Bild von dem geliebten «Gottvater»; eine solche Nähe könnten orthodoxe Muslime gar nicht zulassen; das Wort «Vater» käme für sie einem Sakrileg gleich.

Die zentralen Glaubensunterschiede, die in der Person Jesus Christus und in der christlichen Kreuzestheologie begründet sind, wurden in der 80. Frage dargelegt.

Typisch christlich ist die *Nächstenliebe*, die alle Menschen umfasst, gleichgültig welcher Religion sie angehören. Der Islam fördert auf jegliche Art und Weise die *Solidarität* unter den Muslimen. Muslime denken Umma-bezogen, sorgen sich also in erster Linie um die eigenen Glaubensgeschwister. Das schließt freilich nicht aus, dass sie auch Nicht-Muslimen hilfreich zur Seite stehen, wenn sie gebraucht werden. Eine urchristliche Idee ist die *Feindesliebe*. In der «Bergpredigt», die als authentisch gilt, hat Jesus gelehrt: «Ihr habt gehört, dass gesagt worden ist: Auge für Auge und Zahn für Zahn. Ich aber sage euch: Leistet dem, der euch etwas Böses antut, keinen Widerstand, sondern wenn dich einer auf die rechte Wange schlägt, dann halte ihm auch die andere hin.» (Matthäus 5,38f) Eine solche Aufforderung hat im Koran keine Entsprechung und ist auch ganz unvorstellbar. Obwohl der Islam den Frieden vorzieht, hat er keine Scheu vor kriegerischen Auseinandersetzungen. Dschihad als Glaubenskampf ist nicht nur legitim, sondern unter bestimmten Umständen geradezu unabwendbar (siehe dazu Frage 90). Wie auch immer die Christen de facto mit Andersgläubigen umgegangen sind, ihr Neues Testament enthält keine Passage, die Krieg positiv darstellt. Die einzige Stelle, die dem entgegenzustehen scheint und die gerne als Gegenargument angeführt wird, lautet: «Ich bin nicht gekommen, um Frieden zu bringen, sondern das Schwert. Denn ich bin gekommen, um den Sohn mit seinem Vater zu entzweien und die Tochter mit ihrer Mutter ...» (Matthäus 10,34f). Mit dieser Aussage ist nicht die Befürwortung von Krieg gemeint, sondern sie bedeutet, dass sich an Jesus die Geister scheiden werden; denn wer ihm nachfolgt, muss das Risiko auf sich nehmen, sich mit der Familie und dem Umfeld zu entzweien.

Aber ein grundsätzlicher Unterschied liegt auch in den Persönlichkeiten der Religionsstifter selbst. Jesus wollte keine politische Macht, sondern erklärte: «Mein Reich ist nicht von dieser Welt». Mohammed dagegen war ein geschickter Staatsmann und Realpolitiker. Jesus und Mohammed waren – um mit Tilman Nagel zu sprechen – «keine Brüder im Geiste». Anders als das Christentum hat der Islam eine politische Zielsetzung, mit der Folge – wie Nagel es ausdrückt – «dass der Islam eben nicht wie das Christentum sich in einem bestehenden Staat einrichtet, sondern einen eigenen gründet».

Die Andersartigkeit beider Religionen lässt sich im Grunde auf eine einzige Feststellung zurückführen: Im Christentum ist Gott in Jesus Christus Mensch geworden; im Islam offenbart sich Gott im Koran.

**83. Kommen Christen ins Paradies?** Die Frage, ob auch Christen in das Paradies kommen können, wird von muslimischen Theologen unterschiedlich beantwortet. Die Mehrheit spricht sich für ein klares Nein aus. Christen und Angehörige anderer Religionen, die zeitlich vor Mohammed gelebt haben und infolgedessen seine Botschaft nicht kennen konnten, haben nach Meinung mancher Gelehrter am ehesten die Aussicht, ins Paradies zu kommen, falls sie anständige Menschen und auf ihre Weise fromm waren. Hatten aber seit Mohammed Andersgläubige die Möglichkeit, den Islam kennen zu lernen, so sinkt deren Chance auf Einlass in das Paradies erheblich oder geht gegen Null. Wieder andere Ulema überlassen es ohne weitere Spekulation Gott selbst, ob er wenigstens den christlichen «Schriftbesitzern» einen Platz im Paradies einräumt; und so bleibt auch hier wie so oft nur die Erkenntnis: «wa'llâhu aʿlam», «und Gott weiß es am besten».

**84. Gibt es Christenverfolgungen in islamischen Ländern?** Ja: In erschreckendem Ausmaß werden immer wieder Angehörige nichtislamischer Religionen verfolgt, darunter Christen. Sie haben in Scharen den islamischen Ländern den Rücken gekehrt, und ganze Regionen sind von Christen entleert. In der Türkei machten beispielsweise Anfang des 20. Jahrhunderts die Christen 20 % der Bevölkerung aus. Nach dem Genozid an den Armeniern und der Vertreibung der Griechen gibt es heute nur noch 0,2 % Christen; in Istanbul stellten sie einst knapp die Hälfte der Bevölkerung, heute nur noch 1 %. Jedes Jahr verlassen etwa 15 000 bis 20 000 Christen Iran, die Zahl der verbliebenen Christen wird auf 120 000 bis 300 000 geschätzt. Christenverfolgungen subtiler bis dramatischer Art findet man in den meisten islamischen Ländern bis heute, wobei allerdings nur in wenigen Fällen die Regierungen selbst involviert sind, wie das zum Beispiel im Sudan der Fall ist. Völlige Religionsfreiheit genießen Christen nirgends, wo der Islam herrscht.

Informationen über die aktuelle Situation der Christen bieten laufend «missio», www.kat.net, www.ead.de/akref und – englischsprachig – info@barnabasfund.org sowie www.opendoors.de.

## Islam und Gesellschaft

**85. Können fromme Muslime Demokratie und einen säkularen Staat akzeptieren?** Für die meisten orthodoxen und für alle ultra-orthodoxen Muslime ist ein säkularer Staat ein Schreckgespenst. Für sie gilt der Grundsatz «islâm dîn wa daula», «der Islam ist Religion und Staat (zugleich)». Religion und politische Macht dürfen ihrer Meinung nach nie voneinander getrennt werden. Sie halten daran fest, dass die Stadt Medina zur Zeit des Propheten Mohammed mit seiner «Gemeindeordnung» und das Gemeinwesen unter den ersten vier rechtgeleiteten Kalifen, der «Râshidûn», der Idealstaat war, den man heute – gleichsam als eine rückwärtsgewandte Utopie – wiedererstehen lassen müsse. Viele Strenggläubige betrachten die Demokratie, in der nicht Gott, sondern allein das Volk der Souverän ist, als gotteslästerliche Machtanmaßung und Kampfansage gegen die Religion. Muslime haben für «Demokratie» ein eigenes Wort erfunden: «Dämonkratie», weil hier anstelle der alleinigen Macht Gottes üble menschliche Kräfte zur Herrschaft gelangt seien. Unter diesen konservativen Muslimen besteht die Furcht, dass die Säkularisierung den Islam ins Abseits rücken und die Demokratisierung einer religiös unqualifizierten oder gar «gottlosen» Partei die Mehrheit bringen und ihr damit die Macht zur Verderbnis der Gläubigen in die Hände spielen könnte. Manche Orthodoxe akzeptieren allerdings die demokratische Regierungsform *übergangsweise*, in der Erwartung, das

Mehrparteiensystem könne ihnen den Einstieg in das politische Machtzentrum eröffnen: Demokratie ist dann lediglich eine Zwischenstation auf dem Weg zu einem künftigen islamischen Staat mit muslimischer Regierung und mit der Scharia als dem allein gültigen islamischen Gesetz. Recep Tayyip Erdoğan, türkischer Ministerpräsident seit 2003, gebrauchte dafür ein sehr passendes Bild: «Die Demokratie ist wie eine Straßenbahn, die man verlässt, wenn man am Ziel ist.»

Andere Theoretiker begründen ihre positive Einstellung zur «Demokratie» damit, dass schon Mohammed mit seinen Vertrauten und Ältesten die *schûrâ*, die Beratung, gepflegt habe und dass die ersten Kalifen durch Akklamation gewählt worden seien. Ein Mehrparteiensystem lehnen einige unter ihnen jedoch mit der Begründung ab, es dürfe keinen Zwiespalt in der Gemeinde geben. Meinungsvielfalt sei zwar gestattet, ja geradezu erwünscht, sollte aber möglichst innerhalb eines Einparteiensystems ausgetragen werden. Zunehmend hört man auch das Argument, der Koran und die Sunna hätten *keine feste Staatsform* vorgegeben, so dass man in dieser Hinsicht nicht gebunden sei und jegliche Regierungsform akzeptieren könne, solange sie dem Islam den ihm gebührenden Platz einräume.

Grundsätzlich ist festzustellen, dass viele Muslime, die ihren Glauben praktizieren, demokratische Strukturen für ihr Land herbeisehnen und sich auch individuell oder institutionell mutig dafür einsetzen in der festen Überzeugung, dass Islam und Demokratie miteinander zu versöhnen sind.

**86. Gibt es eine Art liberalen, weltoffenen, vielleicht sogar «säkularen» Islam?** Ganz gewiss gibt es säkular ausgerichtete, liberale Muslime. Doch die Frage richtet sich an die Theologie und die geistlichen Würdenträger. Eine Entwicklung, wie sie das Judentum und das Christentum unter Schmerzen durchgemacht haben, hat der Islam nicht vollzogen. Die den Muslimen vom Westen immer wieder abverlangte Aufklärung, die eine Trennung von Religion und weltlicher Macht zur Folge hätte, fand und findet nicht statt. Theologisch begründet wird die Ablehnung gern mit dem apologetischen Argument, der Islam habe die Aufklärung durch den Koran und die Sunna bereits vollzogen und damit längst hinter sich gebracht. Deshalb kommen die Anregungen zur Modernisierung des Islam überwiegend nicht von Theologen. Doch es wäre falsch, würde man nicht wahrnehmen, dass an den Universitäten und auch an theologischen Hochschulen in vielen islamischen Ländern – vor allem in der Türkei die «Ankaraner Schule» – ernsthafte Auseinandersetzungen mit Ideologien wie dem Sozialismus oder kritische Diskussionen über eine zeitgemäße koranische Hermeneutik stattfinden. Andererseits leben viele progressive Autoren aus Sicherheitsgründen im westlichen Ausland oder publizieren dort ihre in ihrem Heimatland verfassten Schriften in englischer, französischer oder deutscher Sprache.

Der Fortschritt lässt sich nicht aufhalten. Muslime unterschiedlicher Fachrichtungen lassen sich immer weniger davon abhalten, ihre individuellen, von der Orthodoxie mehr oder weniger losgelösten Interpretationen ihres Glaubens öffentlich darzulegen. Diese Öffnung des «Tors des Idschtihâd» (siehe Frage 68) kann vorsichtig in Schritten, gestaffelt oder radikal erfolgen. Immer stärker wird diskutiert, ob man nicht die Hadithe als «Menschenwerk» in ihrer Verbindlichkeit zurückstufen müsste. Klar ist der Schnitt, den Bassam Tibi vollzieht: Die Scharia kann lediglich verwirklicht werden, wenn sie die «Fünf Säulen des Islam» betrifft. Kein gläubiger Muslim darf jedoch die göttliche Autorität des Korans bezweifeln; wohl aber lassen ihm die Interpretationen einen gewissen Spielraum. Viele koranische Aussagen würden sich dramatisch ändern, wenn sie als zeitgeschichtlich situativ bedingt eingeordnet und verstanden würden. Die bei einem Kongress in Beirut vorgetragenen Erkenntnisse, dass der Koran selbst eine historische Entwicklung bis zu seiner letztendlichen Festlegung durchgemacht hat, hat der Referent, ein tunesischer Wissenschaftler, allerdings offenbar unter Druck zurückgenommen. Die Reformer haben einen sehr schweren Stand und sind bedroht, wie der Tod des Koran-Kritikers Faruq Foda in Kairo oder die Zwangsscheidung des angeblichen Apostaten Nasr Hamid Abu Zaid, der bis zu seinem Tod 2010 als Universitätsprofessor in den Niederlanden wirkte, zeigen. Der in den USA lehrende sudanesische Jura-Professor Abdullahi Ahmed an-Na'im, der andere Religionen ohne Abstriche akzeptiert, wagte in einem Interview mit der «Tageszeitung», der «taz», am 7. Januar 2006 ein kühnes und beachtenswertes Statement:

> Wenn Sie Ihr Leben selber bestimmen wollen, kann es niemanden geben, der Wächter Ihrer Religion ist oder Ihres Wertesystems. Was immer Ihr Wertesystem ist: Sie müssen selber entscheiden, was relevant und was nicht relevant ist, nicht der Imam. Es geht um Selbstverantwortung. Ich will damit sagen: Häresie ist notwen-

dig für eine lebendige Religion. Jede Orthodoxie begann als Häresie. Alle Religionen begannen einst als Häresie: Das Christentum war eine jüdische Häresie, der Islam war eine christlich-jüdische Häresie. Die Idee, mit der Tradition zu brechen, ist die kreativste Quelle menschlicher Entwicklung, in allen Gesellschaften. Also, zelebrieren Sie die Möglichkeit der Häresie! In Europa haben Sie das Recht und die Möglichkeit dazu.

**87. Wie steht es im Islam um die Menschenrechte?** Eine der heikelsten Fragen an den Islam betrifft die Menschenrechte. Denn der islamische Wertekanon stimmt in einigen wesentlichen Punkten nicht mit den Grundsätzen der «Allgemeinen Erklärung der Menschenrechte» der Vereinten Nationen von 1948 überein. Dem universalen Anspruch der Menschenrechte haben die Muslime eigene islamische, also religionsbezogene Deklarationen entgegengesetzt. Die bedeutsamste dieser Art ist die Kairoer Erklärung der Menschenrechte von 1990, die auf die Allgemeine Islamische Menschenrechtserklärung von 1981 folgte und von den Außenministern der «Organisation der Islamischen Konferenz» unterzeichnet worden ist. Ihre Autoren betonen, dass die Muslime bereits vor rund 1400 Jahren die Menschenrechte von Gott in Gestalt koranischer Aussagen erhalten hätten und seitdem selbst angemessen umsetzen. Diese Vorstellung impliziert, dass die göttlichen Bestimmungen weder eingeschränkt noch verändert noch missachtet werden dürfen. Der Text der Kairoer Deklaration unterscheidet sich von dem ursprünglichen UN-Dokument auf den ersten Blick lediglich durch den zusätzlichen *Scharia-Vorbehalt*. Dieser besagt jedoch, dass alle in der Menschenrechtserklärung genannten Rechte und Freiheiten nur insoweit gelten können, als sie mit dem Islam übereinstimmen: «Die islamische Scharia ist die einzige zuständige Quelle für die Auslegung oder Erklärung jedes einzelnen Artikels dieser Erklärung» (Artikel 25, vgl. Art. 24 der Kairoer Menschenrechtserklärung).

*Religionsbedingte Unvereinbarkeiten* mit den universalen Menschenrechten zeigen sich insbesondere darin, dass nach religiöser Auffassung

- der Islam allein wahr und allen anderen Religionen überlegen ist,
- die Meinungsfreiheit unterdrückt wird,
- die positive wie die negative Religionsfreiheit nicht gewährleistet werden,

- religiöse Minderheiten als zweitrangig betrachtet werden,
- Missionierung von Muslimen nicht toleriert wird,
- die Rechte auf Leben und körperliche Unversehrtheit nicht gesichert werden,
- die Gleichberechtigung der Frau nicht gewährleistet wird,
- die radikale Geschlechtertrennung zu Lasten der Frauen geht,
- die Heiratserlaubnis für Männer eingeschränkt wird, die allenfalls Schriftbesitzerinnen (Christinnen und Jüdinnen), nicht aber Angehörige anderer Religionen ehelichen dürfen, und
- Musliminnen nur Muslime heiraten dürfen.

Sprechen fromme Muslime von Freiheit, so verstehen sie darunter nicht die Freiheit eines selbstbestimmten Lebens, sondern die freiwillige Unterwerfung unter den Willen Gottes. Der 2013 verstorbene Nestor der deutschen Muslime, Mohammed Aman Hobohm, der sich schon als Zwölfjähriger dieser Religion zuwandte, als Diplomat die Bundesrepublik Deutschland vertrat und hoher Funktionär im Zentralrat der Muslime in Deutschland (ZMD) war, stellte in seinem 1999 erschienenen Vortrag «Menschenrecht und Gottesrecht» sein Verständnis von Freiheit dar:

> ... so sehe ich den Sinn und Zweck meines Lebens – die Pflicht! Die Pflicht, Gottes Gebote zu befolgen, das zu tun, was Er mich zu tun heißt, und das zu unterlassen, was Er mir zu unterlassen gebietet. Und ich sehe darin keine Minderung meiner Menschenwürde, denn mich Ihm hinzugeben, ganz hinzugeben, bedingungslos und ohne Einschränkung, macht mich erst zu einem wirklich freien Menschen. Und in dieser Freiheit liegt meine Würde. Es sei hinzugefügt, dass grundsätzlich alle in den Menschenrechtsdokumenten geforderten Grundrechte und Grundfreiheiten durch die dem Muslim von Gott auferlegten Pflichten voll abgedeckt sind, und das heißt gesichert.

Tatsächlich ist die starke Betonung der Pflichten ein besonderes Charakteristikum der Islamischen Menschenrechtserklärungen. Auch impliziert dieses klassisch-islamische Menschenrechtsverständnis, dass die individuellen Freiheiten im Konfliktfall immer den Interessen der Umma unterzuordnen sind und somit die persönlichen Wünsche und Hoffnungen hinter dem Gemeinwohl *(maslaha)* zurückzustehen haben. Unbeschadet aller eigenständigen Entwicklungen bei den

Sunniten, Schiiten und Sufis wie auch bei den konservativen, progressiven und fundamentalistischen Bewegungen ist zu konstatieren, dass die Menschenrechte in ihrer Gesamtheit gemeinhin nicht akzeptiert werden.

Unter muslimischen, säkular orientierten Intellektuellen ist freilich längst die Erkenntnis gereift, dass die vollkommene Durchsetzung der Menschenrechte ohne die Trennung von Religion und Staat nicht möglich ist, die in Europa erst die Aufklärung bedingt hat. In den islamischen Ländern haben sich säkulare wie religiöse Menschenrechtsorganisationen gegründet. Beide Organisationstypen leisten humanitäre Hilfe und müssen oft unter heftigen staatlichen Repressalien leiden. Islamische Frauenrechtsorganisationen unterstützen Opfer männlicher Gewalt und in Not geratene Mütter mit ihren Kindern; sie setzen sich für das Tragen des Kopftuchs und gegebenenfalls auch demonstrativ für die Scharia ein, obwohl diese die eigenen Rechte beschneidet. Etliche Menschenrechtler wie die iranische Friedensnobelpreisträgerin Schirin Ebadi sehen letztendlich keinen unauflöslichen Widerspruch zwischen Islam und den universalen Menschenrechten, falls man Koran und Sunna nur in ihrem Entstehungszusammenhang erkennt und positive Tendenzen, die im ewig gültigen Koran erst angedeutet seien, als Anleitung für gegenwärtig notwendige Entwicklungen wahrnimmt.

**88. Warum gehen die zinslosen Banken nicht bankrott?** Das islamische Zinsverbot stammt aus dem Koran: «Diejenigen, die Zins verzehren, sollen nicht anders dastehen als einer, den der Satan erfasst und niedergeschlagen hat. Dies, weil sie sagen: ‹Kauf ist das gleiche wie Zinsnehmen.› Gott hat den Kauf erlaubt, aber Zinsnehmen beziehungsweise Wucher verboten.» (Sure 2:275 f) Nur für Privatleute mag dann folgender Vers gelten, mit dem Banken ihre Schwierigkeiten haben dürften: «Wenn jemand in (Zahlungs-)Schwierigkeiten ist, so übt Nachsicht, bis es ihm leicht fällt. Erlasst ihr ihm (die Schuld) aber als Almosen *(sadaqa)*, so ist es für euch besser, wenn ihr nur wüsstet.» (Sure 2:280)

Während einige Autoren den Koran dahingehend interpretieren, dass Zinsnehmen sehr wohl erlaubt sei, Wucher *(ribâ)* hingegen nicht, ist die Mehrheit vom generellen Zinsverbot überzeugt. Das religiöse Reglement lässt auch die Koranverse Sure 2:219 und 5:90 f. nicht außer Acht, wo Glücksspiele, Orakel wie auch Berauschendes verboten werden (siehe auch Sure 5:3). Unter «Glücksspielen» versteht man im Übrigen nicht nur «Poker», «Roulett» oder «Baccara», sondern alle Würfel- und Kartenspiele. Im übertragenen Sinne betrifft dieses Verbot unter anderem auch Spekulationen an der Börse, Warentermingeschäfte und Handel mit Derivaten.

Der Handel war im Islam seit jeher der wichtigste Wirtschaftsfaktor. Dies mag der Anlass dafür sein, dass in den 1920er Jahren zunächst Islamische Handelsbanken gegründet wurden. Im Zuge der Globalisierung, mit dem Aufschwung durch das Öl und parallel zur Ausbreitung des Islamismus haben sich seit den 1970er Jahren in knapp 80 Ländern moderne islamische Banken etabliert. Daneben gibt es in den meisten islamischen Ländern auch Banken, die nach internationalen Standards arbeiten.

Selbstverständlich müssen islamische Banken genauso wie die internationalen Geldinstitute mit Gewinn und Verlust arbeiten und zinsähnliche Einnahmen verbuchen; nur bekommt dieses Geschäftsgebaren einen anderen Namen. Es werden zum Beispiel «Dienstleistungsgebühren» erhoben, ein «Inflationsausgleich» für beliehenes Kapital und «Gewinnbeteiligung» *(mudâraba)* an den Investitionsgeschäften der Banken gewährt; Verluste müssen mitgetragen werden. Der Erfolgsgewinn wird in konkreten Waren ausbezahlt, wo Genossenschaftsbanken tätig sind. Islamische Banken führen genau wie sonstige internationale Geldinstitute auch laufende Konten und geben Scheckkarten aus, die jedoch nicht als Kreditkarten genutzt werden dürfen. Sind Kredite erforderlich, so schließt die Bank Raten- oder Leasingverträge ab; der Kunde bezahlt solange in Raten, bis er das Objekt, das er erwerben will, abbezahlt hat und es in seinen Besitz übergeht. Die Modelle für Banking unter Umgehung von Zinsen sind vielfältig. Damit alles religiös korrekt zugeht, verfügen islamische Banken über so genannte Scharia-Boards. Hochrangige Experten treffen sich in bestimmten Abständen, um darauf zu achten, dass insbesondere bei neuen Finanzideen und -geschäften nicht gegen die Regeln des Islam verstoßen wird. Einige deutsche und Schweizer Geldinstitute – allen voraus die Deutsche Bank – richten sich in bestimmten Geschäftsbereichen nach der Scharia. Im Herbst 2003 bereitete das Finanzministerium von Sachsen-Anhalt, beraten durch die Investmentbank Citygroup, erste islamische Anleihen vor, bei deren Handhabung das Zinsverbot des Korans berücksichtigt werden soll. Sinn dieser Idee ist es, den gläubigen Muslimen dieses Angebot nahe zu bringen. Die jüngste Islamische Bank der Schweiz, die Faisal Private Bank, öffnete 2006/07 in Genf ihre Schalter und erfüllt die islamischen Kriterien. In Großbritannien sind islamische Banken längst eingeführt. Laut einer BBC-Meldung vom Dezember 2006 eröffnen immer mehr Nicht-Muslime Konten bei ihnen. Muslimische Banker führen diese Entwicklung darauf zurück, dass man bei ihnen sicher sein könne, dass das Geld nur für moralisch Unbedenkliches angelegt wird, nicht etwa für die Errichtung von Bierhallen.

Die *erste islamische Bank* in Deutschland, die eine eigene Banklizenz und damit die Zulassung von der Bundesaufsicht BaFin erhielt, wurde im Juli 2015 in Frankfurt am Main mit einem Gebet eröffnet. Die Tochter von Kuveyt Türk Bank in Istanbul firmiert hier als KT Bank. Türkische Niederlassungen der Kuveyt Türk Bank wurden allerdings bereits seit 2011 in Mannheim, Berlin und Frankfurt gegründet; weitere acht bis zehn Filialen sind geplant. Die KT Bank arbeitet nach den Regeln der Scharia.

# Islam und Toleranz

## 89. Muss der Islam die ganze Welt beherrschen?

Als islamfeindlich wird von Muslimen meist die Feststellung zurückgewiesen, der Islam müsse sich über die ganze Welt verbreiten. Bei einer *missionierenden* Religion wäre jedoch jede andere Annahme falsch. Das gilt auch für das Christentum; denn Jesus sagte zu seinen Jüngern: «Geht hinaus zu allen Völkern und macht alle Menschen zu meinen Jüngern, tauft sie auf den Namen des Vaters und des Sohnes und des Heiligen Geistes und lehrt sie, alles zu befolgen, was ich euch geboten habe.» (Matthäus 28,19)

Im Gegensatz zu den meisten Christen nehmen die Muslime die Pflicht zur *Mission* (*daʿwa* als «Ruf zum Islam» und *tablîgh* als «Verbreitung des Islam») bis heute sehr ernst. Sie leiten ihre Aktivitäten insbesondere von folgendem Koranvers ab: «Siehe, die, welche glauben und für Gottes Sache auswandern und streiten, sie hoffen wirklich auf Gottes Barmherzigkeit; und Gott ist verzeihend und barmherzig.» (Sure 2:218) Der Koran fordert zunächst Überzeugungsarbeit: «Lade zum Weg deines Herrn mit Weisheit und schöner Ermahnung ein, und diskutiere mit ihnen auf die beste Art und Weise. Siehe dein Herr weiß es am besten, wer von Seinem Weg abgeirrt ist, und Er erkennt am besten die Rechtgeleiteten.» (Sure 16:125) Doch demjenigen, der diese Einladung nicht annimmt, droht laut Koran Unterwerfung (Sure 9:29). Ein Teil der Einnahmen aus der Sozialabgabe, einer der fünf Säulen des Islam, kann für Mission verwendet werden (Sure 9:60).

Zwangsbekehrungen gibt es immer noch durch direkten oder indirekten Druck, der allerdings in der Regel nicht von Regierungen ausgeht.

In den Werken der meistgelesenen zeitgenössischen religiösen Autoren – wie Sayyid Qutb, Sayyid Abul Aʿla Maududi, Yusuf al-Qaradawi, Tariq Ramadan oder Saʿid Ramadan al-Buti – nimmt *daʿwa* einen breiten Raum ein, ist dies doch eine Vorbedingung dafür, als frommer Muslim überhaupt in einem nicht-muslimischen Land auf Dauer leben zu dürfen. Unter *daʿwa* verstehen heute einige muslimische Vordenker nicht nur die Bekehrung einzelner Nicht-Muslime zum Islam, sondern jede Veränderung, die den Islam stärkt und voranbringt. Die konkreten Möglichkeiten hierfür sind nahezu unbegrenzt: Spenden; Zuschüsse zum Bau von Moscheen, auch in Form von Eigenleistung; Predigten; die Errichtung von islamischen Kindergärten, Internaten und Privatschulen; Stiftung von Stipendien als Gegenleistung für das Tragen islamischer Kleidung, medienwirksame Aktionen; Prozessführung gegen Kritiker islamistischer Organisationen; teils kostenlose Information über den Islam in Gestalt von Büchern, Zeitschriften, Videos, Koranausgaben oder dem fahrbaren «Islamomobil»; politischer Einsatz zum Beispiel als Abgeordnete; Ausbildung in jedem Beruf und Einwirken auf die jeweilige Gesellschaftsstruktur auf allen Ebenen und in sämtlichen Bereichen. Eine der genialsten Ideen war es übrigens, in Deutschland im Rahmen der «Woche der Begegnung mit Ausländern» mit christlicher Hilfe den Tag der deutschen Einheit am 3. Oktober als «Tag der offenen Moschee» zu etablieren und de facto zum «Tag des Islam» umzufunktionieren. Denn an diesem Tag pilgern Nicht-Muslime in sechsstelliger Zahl nicht etwa zu den politischen Großkundgebungen, sondern zu den Moscheen. So gewinnt «die beste aller Religionen» kontinuierlich an Boden.

*Daʿwa* wird weltweit betrieben. Die von den Saudiarabern ins Leben gerufene und beherrschte «Weltmuslimliga» unterstützt mit ihrer gewaltigen *daʿwa*-Abteilung jede Organisation finanziell, wenn sie nur den Islam fördert, und zwar selbst dann, wenn es sich um extremistische Gruppierungen handelt. Beispiele für rege Missionsorganisationen sind die libysche *Islamic Call World Society* mit ihren Unterabteilungen, die WAMY *(World Assembly of Muslim Youth)* in Bahrein oder die FIOE *(Federation of Islamic Organizations in Europe)* mit Sitz jetzt in Brüssel, die den Muslimbrüdern zuzuordnen ist. Diese und viele andere finanziell außerordentlich potente Organisationen sorgen auch in Deutschland gezielt für die Ausbreitung des Islam. Grundsätzlich ist jeder einzelne Muslim gehalten, anderen zum wahren Glauben und damit zum ewigen Seelenheil zu verhelfen. Steht eine Konversion zum Islam in Aussicht, erweisen sich selbst die puristischen Saudiaraber als bemerkenswert großzügig in der Auslegung islamischer Regeln und gestatten eindrucksvoll ansonsten Verbotenes, wenn dadurch nicht die «Fünf Säulen» tangiert werden.

Zielgruppen sind zunächst die im Glauben nicht verwurzelten Muslime selbst, die zum wahren, ursprünglichen Islam zurückfinden müssen, um ihn wieder auf einstige Höhen zu führen. Das Augenmerk richtet sich dabei nicht nur auf Einzelpersonen, sondern auch auf islamische Regierungen und insbesondere auf die ehemaligen Sowjetrepubliken. Der Erfolg spricht für sich. Auch die Mission in Afrika schreitet fort, nicht nur in Nigeria oder im Sudan. Schwerpunkte der *daʿwa* finden sich aber auch in den USA. Fast flächendeckend ist jedoch Europa einer mehr oder weniger subtilen Missionierung und einer damit einhergehenden schleichenden gesellschaftlichen Veränderung ausgesetzt. Islamisten sehen in der Islamisierung den einzigen Sinn und die Legitimation der Völkerwanderung von Muslimen in den Westen. Diese Zielsetzung interessiert allerdings die meisten Muslime nicht.

Insbesondere mit der Gründung der islamischen Nationalstaaten mit oft willkürlichen Grenzfestlegungen durch die Kolonialmächte und der Abschaffung des ohnedies nur noch theoretisch bedeutsamen Amts des Kalifen als Oberhaupt aller sunnitischen Gläubigen durch die türkische Große Nationalversammlung im Jahre 1924 war der Umma-Gedanke weitgehend in den Hintergrund gerückt, und das Kalifat wird nur noch von einigen radikal-islamistischen Gruppierungen angestrebt. Die Konzepte, die zur Islamisierung der Welt führen sollen, sind sehr unterschiedlich und reichen von einer Mitwirkung an den jeweils vorhandenen Regierungssystemen – indem man den «langen Marsch durch alle Institutionen» auf sich nimmt – bis hin zur militanten Ablehnung jeglicher Ideologie, die nicht exakt der eigenen entspricht und sich in ihrer extremsten Gestaltung terroristischer Mittel bedienen kann. Zu diesen Varianten gehört, dass man zur Etablierung einer «gerechten Weltordnung» bereits vorhandene islamische Parteien nutzt oder neue gründet, um eine als illegitim angesehene Regierung mit rechtsstaatlichen Mitteln abzulösen und dann je nach der lokalen Gegebenheit Schritt für Schritt eine spezifische Art des Islamismus durchzusetzen. Im äußersten Extremfall bleibt die Option, das gesetzte Ziel, letztendlich einen Gottesstaat nach dem eigenen Gusto zu etablieren, mit Gewalt zu erreichen. Ein besonders krasses Beispiel bieten die ungebildeten und ungeschlachten Taliban in Afghanistan, die – sich stets auf den Koran berufend – mordeten, unterdrückten und niederbrannten, was ihnen im Wege war. Sie werden allerdings an Grausamkeit vom sogenannten Islamischen Staat übertroffen, der hochprofessionell vorgeht. Doch es gibt auch andere Wege, die weitaus größere Bedeutung haben. Eine solche Richtung gibt unter anderen Tariq Ramadan vor. Der gebürtige Ägypter, der in der Schweiz aufwuchs und an einem englischen College lehrt, entwickelt in seinem viel beachteten Buch «Muslimsein in Europa» ein Programm, wie seiner Ansicht nach der Islam in Europa dauerhaft an der nicht-islamischen Gesellschaft teilhaben und diese verändern könne. Er schreibt: «Muslime gehören vor allem zu Gott ... An Gott zu glauben und Seine Botschaft vor der ganzen Menschheit zu bezeugen bedeutet, dass die Grundwerte, die Er offenbart hat – wie Aufrichtigkeit, Treue und Gerechtigkeit –, Vorrang gegenüber den Familienbanden genießen. Folglich müssen Muslime ihre familiären Beziehungen (und darüber hinaus die Beziehungen mit ihrer Gemeinschaft, ihrem Volk oder ihrer Nation) achten, insofern sie nicht dazu gezwungen werden, gegen ihren Glauben und ihr Gewissen zu handeln.» Dies hat individuelle, aber auch kollektive Dimensionen. Grenzüberschreitend, also über nationalstaatliches Denken hinweg, soll die Umma wieder aktiviert, sollen historische Entwicklungen revidiert werden. Tariq Ramadan kreiert für sein Zukunftskonzept den Begriff *dâr al-schahâda*, «Haus/Gebiet des Glaubensbekenntnisses», der die Solidarität unter Gläubigen festigen und sie weltweit zusammenschweißen soll. Diese «Einheit der Muslime» wird *tauhîd* genannt, ein Begriff, der üblicherweise auf die Einheit und Einzigkeit Gottes bezogen ist; in der hier vorgestellten Form ist auch die Einheit der Umma mit dem Willen Gottes gemeint. Die Brisanz liegt nicht nur in der Stärkung des «Wir-Gefühls», sondern darin, dass die Zugehörigkeit zur Umma gleichzeitig die Angehörigen der anderen Religionen aus dieser Gemeinschaft ausschließt, ebenso alle jene Muslime, die sich diese Ideologie nicht aneignen.

Der jüngste Bruder des Gründers der Muslimbruderschaft, Hasan al-Banna, der 84jährige Gamal al-Banna, hat in einem Vortrag in der Frankfurter Goethe-Universität am 6. Mai 2004 dazu aufgefordert, sich in Vereinen und Organisationen zusammenzufinden und weltweit zu vernetzen. Der Aufruf des Autors zahlreicher Schriften zum Islam und Begründers der oppositionellen «Internationalen Islamischen Gewerkschaft» gipfelte – wenn auch nicht in dieser exakten Formulierung – in dem Aufruf «Muslime aller Länder vereinigt euch!» Die These Tariq Ramadans und seines Onkels Gamal al-Banna sprengt nationalstaatliche Beziehungen zugunsten einer länderübergreifenden, weltweiten Umma-Bildung, die von der Basis her die bereits bestehenden Strukturen – welcher Art sie auch sein mögen – nutzt und dann, wenn sie ihren Dienst getan haben, der gewünschten endgültigen Form zuführt. Im Gegensatz zu den Taliban wird modernste Technik angewendet und bestmögliche Bildung – auch für die Frauen – gefördert, denen eine eigene wichtige Rolle in diesem Plan zugedacht ist. Allerdings wird keines der islamischen Prinzipien bis hin zur angenommenen Pflicht des Kopftuch-Tragens aufgegeben und alles Handeln und Trachten unter die Scharia und den vermuteten Gotteswillen gestellt. In der Diskussion nach dem erwähnten Vortrag beharrten bis an die Streitgrenze ein Imam und etliche junge Muslime auf dem Konzept eines «Gottesstaates», der unbedingt auch für Deutschland geschaffen werden müsse. Diese Auseinandersetzung gibt sehr realitätsbezogen die Antipoden der Meinungen und Ziele unter den Islamisten wieder. Derzeit befinden sich die islamistischen Aktivisten in der Phase des Aufbaus von Interessenvertretungen mit unterschiedlichen Schwerpunkten und ihrer nationalen und internationalen Vernetzung. Trotz des Konkurrenzgerangels unter den Organisationen sind ihre Anstrengungen recht weit gediehen.

**90. Ist Dschihad «Heiliger Krieg»?** Krieg ist im Islam niemals «heilig»; aber er kann als «Dschihad» religiös legitimiert sein. In diesem Punkt unterscheiden sich der Koran und das Neue Testament erheblich.

Was also ist Dschihad? Im Koran kommt *dschâhada* in diversen Verbformen und dem davon abgeleiteten Substantiv *dschihâd* fünfunddreißig Mal vor, und zwar neunundzwanzig Mal in der Bedeutung «Dschihad auf dem Wege Gottes» – gemeint ist mit der Waffe in der Hand – und zweimal als reine «Bemühung, Anstrengung», um sich den bösen Gelüsten und Verführungen entgegenzustemmen, was als der «größere Dschihad» gilt. Die restlichen Textstellen sind nicht aussagekräftig genug. Der «Mudschahid», der Glaubenskämpfer, ist dazu verpflichtet, das eigene Land und den Islam zu verteidigen. Obwohl der bewaffnete Dschihad jahrhundertelang keine nennenswerte Rolle mehr gespielt hatte, ist er im Kampf gegen den Kolonialismus reaktiviert worden und gewinnt heute insbesondere seit der zweiten Intifada der Palästinenser gegen Israel an Bedeutung. Tariq Ramadan benutzt für den Dschihad die Metapher «Gerechter Krieg».

Ein kurzer Blick auf die hierzulande verwendete Terminologie zeigt, dass sich in den letzten Jahren die Bezeichnungen für die unterschiedlichen islamischen Ideologien und Richtungen verändert haben und präziser geworden sind. Dennoch haben sich keine einheitlichen Termini herausgebildet. Heute spricht man kaum noch von «Fundamentalismus», sondern von «Islamismus», «Salafismus» und «Dschihadismus». Immer wieder wird jedoch «Islamismus» mit «Salafismus» verwechselt. Überwiegend versteht man «Islamismus» jedoch als jene Bewegung, die rückwärtsgewandt den Islam der Frühzeit – oder zumindest wie man glaubt, dass er gewesen sei – wiederbeleben und weltweit durchsetzen will. Es gibt allerdings unterschiedliche Wege zu diesem Ziel. Der legalistische Weg nutzt demokratische Institutionen wie Parteien oder westliche Bildungseinrichtungen für die eigenen Zwecke; der literalistische Weg will Koran und Sunna wortgetreu umsetzen und fördert eine nicht hinterfragte und hinterfragbare Lebensführung (siehe auch Frage 89). Aus dem strengen Zweig des Islamismus ist die ultrakonservative und zugleich dynamischste Strömung der ursprünglich saudi-arabischen Salafisten erwachsen. Fakt ist: Sämtliche radikal-militanten Dschihadisten kommen aus der Salafisten-Szene.

Für den klassischen Dschihad sind feste Regeln vorgesehen. Er ist eine kollektive Pflicht: Sie besteht für jeden körperlich und geistig gesunden Mann, es sei denn, es stünden ausreichend Kämpfer für den Einsatz bereit. Die Pflicht zum Dschihad endet erst, wenn die Welt islamisch geworden ist. Der Dschihad gegen die Ungläubigen ist notwendig, wenn zuvor das Angebot, den Islam anzunehmen oder

Tribut zu bezahlen, abgelehnt worden ist. Möglicherweise liegt auch der Aktion «Lies», die in jeden Haushalt einen Koran bringen will, ein solches Dschihad-Verständnis zugrunde.

Der Koran verbietet den Krieg von Muslimen gegen Muslime. Um dennoch zum Dschihad gegen Muslime aufrufen zu können, ist das Mittel der Wahl, den muslimischen Feind durch einen willigen Mufti oder Großmufti wegen einer Verfehlung zum Ungläubigen erklären zu lassen *(takfir;* siehe auch Frage 79). Diese Methode lässt sich gegen einzelne Personen oder auch gegen Institutionen und Regierungen anwenden.

Unter muslimischen Gelehrten überwiegt die Auffassung, dass der Dschihad nur im Verteidigungsfalle geführt werden darf, wobei allerdings offenbleibt, wer oder was zu verteidigen ist: Land, Besitz, der Name des Propheten Muhammad oder der Koran?

Es ist sinnvoll, sich Texte wie den folgenden anzusehen, um das Gedankengut kennenzulernen, mit dem Jugendliche zur Verbreitung des Islam ermutigt werden sollen:

> «An die islamischen Jugendlichen!
>
> Ihr ruhmreichen islamischen Jugendlichen, ich wende mich an euch und sage, wozu ihr geboren seid und worin eure Aufgaben bestehen.
> ... Junge Mudjahedin!
> Die von Allah bestimmten Aufgaben, die ihr zu erfüllen habt, sind folgende:
> 1. Ihr müßt die von Allah an den Propheten Mohammed gesandten Bestimmungen auf Erden in die Tat umsetzen und dafür sorgen, daß diese auch eingehalten werden.
> 2. Ihr müßt die Untertanen der Untertanen befreien und dafür sorgen, daß diese nur Allah dienen.
> 3. Ihr müßt euch von falschen [batil], unsinnigen Religionen und allen schlechten Dingen fernhalten und euch davor schützen.
>
> Diese Aufgaben könnt Ihr mit fünf Grundeigenschaften erfüllen: 1. Mit einem festen und stahlharten Glauben. 2. Mit lauterer Gesinnung. 3. Mit einem unerschütterlichen Willen, der keine Ängste kennt. 4. Mit einem unermüdlichen und wohldurchdachten Arbeitseifer. 5. Indem ihr keinen anderen Weg einschlagt als den der Aufopferung [fedarkârlık] und des Märtyrertums um Allahs Willen. ...

> Es waren diese tapferen Jugendlichen [Anm. d. Autorin: zur Zeit Mohammeds], die die erhabene Sache des Islam auf ihren Schultern trugen. Für diese daʿwa haben sie Folterungen und Mißhandlungen über sich ergehen lassen und zeigten grenzenlose Opferbereitschaft. Sie haben ihre Tage und Nächte für die Verbreitung des Islam aufgeopfert und erweckten den Islam zum Leben. Diese tapferen Jugendlichen verbreiteten unsere Religion auf Erden und führten sie von einem Sieg zum anderen».
> So «Yeni Dünya» («Die neue Welt», 56/Januar/Februar 2001).

Ein möglicher Einwand, dass es sich lediglich um ein schwäbisches Provinzblatt handle, ist wegen der Verbindung zu einer großen türkisch-islamischen Organisation obsolet.

Heute sind es vor allem persönliche Kontakte und professionell gemachte Video-Botschaften von Dschihadisten, die junge Menschen aus europäischen Ländern dazu verführen, zum sogenannten *Islamischen Staat (IS)* nach Syrien oder in den Irak zu ziehen. Ein solches kommentiertes Video vom 6. August 2015 zeigt inmitten der Ruinen von Palmyra einen Österreicher und einen Deutschen im Kampfanzug. Sie behaupten auf Deutsch, dass der Dschihad wie Urlaub sei, und skandieren, Frau Merkel sei eine schmutzige Hündin. Dann exekutieren sie zwei vor ihnen kniende Syrer (https://www.youtube.com/watch?v=qHp9s-MnlbQ). Das ARD-Politmagazin »Report Mainz» führte am 22. Juli 2014 ähnlich drastisches Propagandamaterial vor. Das Internet ist voll von Dokumentationen, meist mit englischen Untertiteln, und die interaktiven sozialen Netzwerke betreiben *daʿwa* und Propaganda in nicht überschaubarem Ausmaß. Die grausamen Bilder stoßen manche Leute nicht ab, sondern ganz im Gegenteil, sie faszinieren sie. Der IS übt eine verheerende Anziehungskraft auf junge Menschen aus, die sich vereinzelt oder in kleinen Gruppen dazu instrumentalisieren lassen, für eine vermeintlich gute Tat Anschläge zu verüben, zu morden und notfalls als Märtyrer mit Aussicht auf Paradiesfreuden ihr Leben hinzugeben. Insbesondere Konvertiten möchten unter Beweis stellen, wie sehr sie dem vermeintlichen Willen Gottes und seinen angeblichen Helfershelfern zu Diensten sein wollen. Rund zehn Prozent der in Deutschland Angeworbenen sind Mädchen, die Jüngsten dreizehn Jahre alt. Sie werden verheiratet, bekommen ein Kind nach dem anderen und sorgen auf dieses Weise für den Nachwuchs der Organisation. Fällt ein Ehemann, steht schon der nächste «Löwe» bereit. Flucht gelingt nur selten.

Der Dschihad ist zwar nicht «heilig»; doch er dient dem Islam und damit – nach islamischer Vorstellung – Gott. Evident ist, dass jüngste Rufe zum kämpferischen Dschihad in der islamischen Welt zu keinem großen Aufbruch geführt haben und sogar allermeist ungehört verhallten.

**91. Ist der Islam gefährlich?** Spätestens seit dem 11. September 2001 und den Flugzeuganschlägen auf die Türme des World Trade Centers in New York wie auf das Pentagon und angesichts der Terrorwelle, die nun auch Europa erreicht hat, wird in breiter Öffentlichkeit diskutiert, ob die Attentäter ihr Handeln zu Recht mit dem Islam legitimieren können oder nicht. Fragt man Muslime selbst, so wird Terrorismus gerne als eine Missinterpretation des Islam oder als eine rein politische, von der Religion unabhängige Entwicklung gesehen, indem man beispielsweise auf vergleichbare Strukturen und die damit verbundenen Exzesse und Morde im rechtsextremen, nationalistischen oder linksextremen Milieu verweist. Solange aber Terror – keineswegs nur von Usama bin Laden – mit Koran und Sunna begründet wird, muss man aufmerksam auch jenen Stimmen zuhören, die eine entsprechende Verknüpfung von Terror und Islam erkennen. Der ägyptische Denker und Islamgelehrte Nasr Hamid Abu Zaid zum Beispiel führt die Instrumentierbarkeit des Islam darauf zurück, dass die koranischen Befunde absolut gesetzt und nicht zeitbezogen interpretiert werden; er kommt zu folgendem Schluss: «Die Unfähigkeit, den religiösen Text als einen historischen Text zu sehen, ist das Kernproblem der Koranwissenschaften in der islamischen Welt heute. Mit dieser Unfähigkeit kann man dem Terrorismus nicht entgegentreten.» Insbesondere der sogenannte Islamische Staat stützt sich auf folgenden Koranvers: «Und haltet für sie [die Ungläubigen] bereit, so viel ihr an Kriegsmacht und Schlachtrossen aufzubringen vermögt, um damit Allahs und eure Feinde einzuschüchtern, sowie andere außer ihnen, von denen ihr keine Kenntnis habt, wohl aber Allah! Und wenn ihr etwas um Allahs willen spendet, wird es euch [am Jüngsten Tag] vergolten werden, und ihr werdet kein Unrecht erleiden.» (Sure 8:60).

Der Islamwissenschaftler Gerd-Rüdiger Puin hat sich in seinem Beitrag «Schönreden» in der Internet-Zeitschrift «Imprimatur»

(4/2014) mit dieser zentralen Koranstelle und ihren Übertragungen in die Gegenwart auseinandergesetzt. Er zeigt, dass heutzutage die «Schlachtrosse» mit «Panzern, Flugzeugen, Raketen, Artillerie» gleichgesetzt werden und dass die Verbform *turhibûna*, die oben beschönigend mit «einschüchtern» übersetzt war, nach modernem Verständnis nichts anderes bedeutet als «Terror ausüben gegen ...». Die allermeisten Muslime haben diesen Vers nicht zu ihrer Lebensmaxime erhoben. Es wäre Aufgabe der muslimischen Gelehrten, dieses Gotteswort in seinem historischen Rahmen zu interpretieren und es somit als heute hinfällig zu erweisen; auf diese Weise würden sie den Terroristen das Wasser abgraben.

Wenn die göttlichen Worte des Korans und das Vorbild Mohammeds im 7. wie im 21. Jahrhundert *unverändert*, also ungeachtet der zeitgebundenen Umstände und ohne Berücksichtigung der zivilisatorischen Entwicklungen, Gültigkeit haben – wie die Mehrheit der Muslime glaubt – und man obendrein noch der festen Überzeugung ist, dass diese Vorgaben genauestens zu befolgen sind, findet man tatsächlich reichlich Ansätze, um Gewalt gegen «Ungläubige» religiös zu rechtfertigen (siehe Frage 11). Diese spezifische Einstellung ist zudem dazu angetan, die Gläubigen zu entmündigen, weil ihr Denken und Handeln auf bloße Nachahmung und unhinterfragte Erfüllung der Pflichten reduziert werden und damit – bei gegebenem Anlass und entsprechender Konditionierung – relativ leicht als «Gottes Wille» zum «Nutzen des Islam und der Menschheit» gesteuert werden können. Viele muslimische Gelehrte lehnen Gewalt ab. Der *gelebte* Islam – und dies ist in aller Entschiedenheit zu bekräftigen – ist meist weit weg von diesen Gewaltvorstellungen, und es gibt viele Beispiele gutnachbarschaftlicher Beziehungen zwischen Muslimen und Christen auch in islamischen Ländern.

**92. Sind Selbstmordattentäter Märtyrer?** Im Islam gilt Selbstmord als schwere Sünde; denn nur Gott allein hat das Recht, das Leben, das er gegeben hat, auch wieder zu nehmen. In mehreren Hadithen wird Selbstmördern ewige Strafe im Jenseits angedroht; gepeinigt werden sie dort durch die immer wieder wiederholte Anwendung derselben Art von Suizid, mit der sie sich selbst aus dem Leben gebracht haben. Der Prophet Mohammed soll sich geweigert haben, das Totengebet für einen Selbstmörder zu sprechen. Aus diesem Grund sollten Selbstmordattentate religiös nicht zu rechtfertigen sein.

Dennoch befürworten hochkarätige, einflussreiche religiöse Führungsgestalten Selbstmordattentate. Tantawi akzeptiert sie – mit Blick auf Israel –, sofern sie nicht die Zivilbevölkerung treffen, und zwar dem Grundsatz folgend, dass einmal von Muslimen besetztes Gebiet nicht wieder hergegeben werden darf. Yusuf al-Qaradawi hat das ganze Land Israel zur «Kaserne» erklärt, so dass jeder, der dort lebt, religiös legitimiert als Soldat getötet werden darf. Auch Frauen können sich seiner Vorstellung nach als Lebendbomben und damit als Märtyrerinnen profilieren.

Christen haben eine völlig andere Vorstellung von «Märtyrertum». Der ehemalige bayerische Kultusminister Hans Maier charakterisiert am Ende seines Buchs «Das Doppelgesicht des Religiösen», worin sich nach christlichem Verständnis wahres Märtyrertum von dem Terroreinsatz unterscheidet: «In der jüdischen, christlichen wie islamischen Überlieferung ist der Märtyrer einer, der bereit ist, für seinen Glauben zu sterben. Er ist jedoch kein selbstmächtiger Täter im eigenen Auftrag, er sucht die Lebensopfer nicht – und schon gar nicht reißt er andere mit sich in den Tod .... Sonst droht ‹Martyrium› zu einem Schreckenswort zu werden, zum Synonym für die schrankenlose Ermächtigung zum *Töten für den Glauben.*»

**93. Ist der Islam tolerant?** Zum Zeichen ihrer großen Toleranz zitieren Muslime gerne den Koranvers 2:256: «Es gibt keinen Zwang in der Religion.» Doch ist dieser Text später von bedeutenden Gelehrten wie as-Suyuti (gest. 1505) aufgehoben und durch Vers Sure 9:5 ersetzt worden, der sich gegen die Ungläubigen richtet: «Wenn die heiligen Monate abgelaufen sind, dann tötet die Polytheisten, wo immer ihr sie findet, greift sie, belagert sie und lauert ihnen auf jedem Weg auf. Wenn sie umkehren, das Gebet verrichten und die Abgabe entrichten, dann lasst sie ihres Weges ziehen. Gott ist voller Vergebung und barmherzig.» 38 hochkarätige muslimische Autoritäten befanden in ihrem «Offenen Brief an Seine Heiligkeit Papst Benedikt XVI» – eine Reaktion auf dessen in der islamischen Welt heftig kritisierte Regensburger Vorlesung vom 12. September 2006 – den Koranvers Sure 2:256 als weiterhin gültig. Sie verwiesen dabei auf den Kommentar von Tabari, dereinst hätten Muslime in Medina von ihren Kindern, die dem Judentum oder Christentum anhingen, verlangt, sie sollten zum Islam übertreten; ihnen habe die Weisung gegolten, sie nicht zu diesem Schritt zu zwingen. Kritische Koranstellen wurden in dem Brief nicht angesprochen und kriegerische Auseinandersetzungen menschlichem Fehlverhalten zugeschrieben. Hier ist noch sehr viel aufzuarbeiten; es sieht so aus, als habe man eine Ebene gefunden, diese Probleme gemeinsam und wirkungsvoll anzugehen.

Zu den weiteren Koranstellen, die als Aufforderung zur Toleranz verstanden werden, gehört folgende: «O ihr Menschen. Wir haben euch von einem männlichen und einem weiblichen Wesen erschaffen, und Wir haben euch zu Verbänden und Stämmen gemacht, damit ihr einander kennenlernt. Der Angesehenste von euch bei Gott, das ist der Gottesfürchtigste von euch. Gott weiß Bescheid und hat Kenntnis von allem.» (Sure 49:13)

Die Toleranz hört bei den muslimischen Ulema immer dann auf, wenn ihre Religion und die Prophetenfamilie verunglimpft, ja im Grunde auch nur kritisiert werden; hier sind die Empfindlichkeiten für westliche Verhältnisse manchmal kaum nachvollziehbar. Grundsätzlich ist jedoch zu sehen, dass die Grenzen dessen, was akzeptabel ist, oft unterschiedlich sind. «In weitaus überwiegendem Maße sind eben die Grundlagen für mögliche Toleranz im Islam außerhalb der religiösen Lehre im engeren Sinn zu suchen», schrieb der Historiker und Islamwissenschaftler Albrecht Noth in seinem Aufsatz «Möglichkeiten und Grenzen islamischer Toleranz» und kam zu dem Schluss, dass in der Retrospektive sowohl Toleranz als auch Intoleranz bis ins Extrem die Geschichte der Muslime charakterisieren.

## Islam und der Westen

**94. Warum verachten und hassen gerade fromme Muslime oft den Westen?** Die Ursachen für die Ablehnung des Westens sind vielfältig. Das Trauma der Kreuzzüge wirkt bis heute so lebendig nach, wie auf der anderen Seite das Bild von «den Türken vor Wien» in Europa nach wie vor Angst erzeugt. Die drückende technische, militärische, teils auch zivilisatorische Überlegenheit Europas – wenn man beispielsweise an den Buchdruck denkt –, die einer kulturellen Hochblüte islamischer Reiche folgte, führte schon im 17. Jahrhundert zum Niedergang des letzten islamischen Imperiums, des Osmanischen Reiches, das zur Zeit seiner größten Ausdehnung vom Balkan bis nach Ägypten reichte. Die Auswirkungen des als Schmach empfundenen Friedensvertrags von Lausanne 1923, der die Auflösung des Reichs besiegelte, sind noch längst nicht überwunden. Insbesondere die Kolonialzeit hat den Muslimen ihre Ohnmacht nachhaltig vor Augen geführt. Die seinerzeit willkürlich gezogenen Grenzen und die unterschiedlichen kulturellen Einflüsse der Franzosen, Engländer, Niederländer und Italiener prägen bis heute die damaligen Kolonien und das Verhältnis zu ihren einstigen Besatzern.

Die oft demütigende Bevormundung des Westens hat sich sehr viel stärker eingeprägt als die positiven Errungenschaften wie die moderne Technik. Die westliche Arroganz hat sich indes bis in die Gegenwart fortgesetzt, wenn man beispielsweise das Verhalten der Amerikaner in Afghanistan, die Zerstörung des Irak oder die unmenschlichen Folterungen von Kriegsgefangenen, die gegen jede Humanität und die Genfer Konvention verstoßen, betrachtet. Die Liste der Gründe für eine Ablehnung ist lang; sie werden noch lange nachwirken. Dreh- und Angelpunkt der Konflikte ist Palästina, und auch hier die einseitige Parteinahme der USA. Man muss neben allem Verständnis für die in ihrer Existenz bedrohten Israelis auch die Verzweiflung der Palästinenser sehen und verstehen, die für sich selbst und ihre Kinder keine Zukunftsperspektive in ihrem zerstörten Land mehr sehen. Ihr Hass richtet sich nicht nur gegen Israel, das seinerseits um Anerkennung ringt, sondern gegen alle, die den jüdischen Staat unterstützen. Unter diesen Umständen sind die von beiden Seiten getragenen, meist privaten Friedensinitiativen ganz besonders zu würdigen.

Misstrauen ist allenthalben zu verspüren. Auf Hilfeleistungen etwa des Roten Kreuzes bei Erdbeben oder Flutkatastrophen reagieren nicht nur religiöse Kreise und Institutionen, sondern sogar das staatliche Präsidium für Religionsangelegenheiten in Ankara meist abweisend, wobei viele Religionsvertreter diese Hilfsaktionen als Teil eines Missionierungsprogramms oder – nach dem Tsunami von 2004 – als Propaganda abqualifizieren. Es ist, als ob sie dabei von ihren eigenen Voraussetzungen ausgehen. Andere Stimmen durchaus bedeutender Theologen machen angebliche heimliche Atomtests der USA und Indiens für den Tsunami verantwortlich. Angeführt wird als Begründung für die «Strafe Gottes» menschliches Fehlverhalten wie Unglauben, Unzucht oder Homosexualität. «Es gibt einen Grund: Sie logen, sie sündigten, und sie waren Ungläubige», sagte Ibrahim al-Bashar, ein Berater des saudischen Justizministers, dem arabischen Fernsehsender al-Madschd. Der saudische Professor Fauzan al-Fauzan von der

Universität Riad erklärte in einem Interview mit demselben Sender, dass der Tsunami «Gottes kollektive Strafe» für die Betroffenen gewesen sei. Diese «Hurenböcke, Wüstlinge und korrupten Menschen aus der ganzen Welt» hätten sich zu Weihnachten in der Region versammelt, um der «Hurerei und sexueller Perversion» zu frönen. Dass dort auch gläubige Muslime lebten, wurde außer Acht gelassen.

Die Erkenntnis, dass die Weltgeschichte bislang sozusagen an ihnen vorbeilief, verbittert viele Muslime. Kein islamisches Land ist beispielsweise im Weltsicherheitsrat der UNO vertreten. Islamische Regierungen können auf wesentliche Entscheidungen des Westens kaum Einfluss nehmen, ganz im Gegenteil, sie sind sogar weitgehend von ihnen abhängig. Sie haben wenig Mittel in der Hand, mit denen sie ihrerseits den Westen unter Druck setzen können; die große Ausnahme ist die Erdölförderung.

Auf der anderen Seite sehen die Muslime, die an eigenen Universitäten studiert haben, dass beispielsweise der Standard ihrer Wissenschaft meist nicht an den des Westens oder den von Ländern wie Japan heranreichen kann; sie haben keinen Nobelpreisträger oder Wissenschaftler von internationaler Bedeutung hervorgebracht.

Bei nicht wenigen Muslimen ist eine heimliche Hassliebe entstanden. Sie verachten den Westen, aber sie imitieren ihn auch und haben den oft aus der Not heraus geborenen Wunsch, zumindest auf irgendeine Weise an dessen Wohlstand, oft auch an dessen Freiheiten zu partizipieren.

Nichts ist auf längere Sicht gefährlicher, als die Muslime weiter wie Menschen zweiter Kategorie zu behandeln und sie lediglich für die eigenen politischen und wirtschaftlichen Interessen einzuspannen.

**95. Dürfen Muslime dauerhaft in einem nicht-islamischen Land leben?** So theoretisch dieser Denkansatz auch erscheinen mag – schließlich leben viele Millionen Muslime in nicht-islamischen Staaten –, so wird doch noch heutzutage diese Diskussion unter muslimischen Gelehrten lebhaft geführt. Sie sind sich nicht einig darin, ob überhaupt und – wenn ja – unter welchen Bedingungen sich Muslime auf Dauer in einem von Andersgläubigen respektive Ungläubigen regierten Land aufhalten dürfen.

Da die Muslime sich über Jahrhunderte nicht vorstellen konnten, jemals in eine Minderheitensituation zu kommen, fehlen die klassisch-theologischen Grundlagen für eine derartige Entscheidung. Aus diesem Grund fallen die Antworten sehr unterschiedlich aus. Bis auf die hartgesottensten Gegner eines längerfristigen Aufenthalts gibt es jedoch einen *Mindestkonsens*, bei dem im Diasporaland folgende Bedingungen erfüllt sein müssen:

- Es muss dort Rechtssicherheit für Muslime bestehen,
- Muslime müssen ihren religiösen Pflichten nachkommen können, und
- Muslime müssen ungehindert missionieren, *daʿwa* betreiben dürfen.

Alle diese Bedingungen erfüllt Deutschland. Unter *daʿwa* versteht Tariq Ramadan in seinem Buch «Muslimsein in Europa» nicht nur die verbale «Mission» oder «Propaganda», sondern jede Förderung des Islam in der Diaspora.

Den Erwägungen, wann es Muslimen gestattet ist, in einem Land wie Deutschland zu leben, liegt auch heutzutage noch das klassische Modell zugrunde, das die Welt in *dâr al-islâm*, «Haus/Gebiet des Islam», und *dâr al-harb*, «Haus/Gebiet des Kriegs», aufteilt. Wenn ein nicht-islamisches Land die vorgenannten Bedingungen erfüllt, können mit ihm in der Regel auf 10 Jahre befristete Verträge geschlossen werden; es wird zum *dâr al-ʿahd*, «Haus/Gebiet des Vertrags» (auch *dâr al-sulh*, «Haus des Friedens», *dâr al-amn*, «Haus der Sicherheit»). Deutschland ist nach der überwiegenden Meinung der Theologen ein solches Gebiet; denn es erteilt Visa oder die Aufenthaltserlaubnis und gewährt gegebenenfalls die Einbürgerung, schließt also Abkommen mit den hierzulande lebenden Muslimen. Es gibt allerdings auch Ultraorthodoxe, die Deutschland diesen Status nicht zuerkennen und nur bleiben, um sich nützliche Fertigkeiten oder Kenntnisse anzueignen, die sie dann unverzüglich in ihrem Heimatland zur Anwendung bringen wollen.

Es ist unbestritten, dass zwischenstaatliche Abkommen auch von islamischen Regierungen dem geltenden Völkerrecht entsprechend eingehalten werden, so dass selbst Iran seine nach der Revolution 1979 abgebrochenen Auslandskontakte und -kontrakte wieder aufleben ließ. Wenn allerdings sogar die Realpolitik religiös legitimierter Hilfskonstruktionen bedarf, um den Aufenthalt von Muslimen in Europa, Amerika und Australien begründen zu können, wird man sich fragen müssen, warum keine durchgreifenden Änderungen in derartigen Konzepten erfolgen, statt – wie Tariq Ramadan – nur an Symptomen herumzulaborieren.

Während diejenigen islamischen Organisationen, die in der Diaspora meist das Sagen haben, noch derartigen Vorstellungen anhängen und diese zur Richtschnur ihres Verhältnisses zu der hiesigen Mehrheitsgesellschaft machen, bleiben den meisten Muslimen solche Gedankengänge ganz fremd. Ihre Probleme, sich in einer nichtmuslimischen Gesellschaft behaupten zu können, sind fast ausschließlich wirtschaftlicher und sozialer Natur, weshalb sie von den Religiösen als bloße «Kulturmuslime» abqualifiziert werden, für welche die praktische Religionsausübung «nur» Privatsache ist. Die Antwort auf die Frage, ob *scharia-gläubige* Muslime in einem Land wie Deutschland bleiben dürfen, impliziert die Gegenfrage, ob ebendiese Muslime hierzulande überhaupt integrierbar sind, ohne dass sie Parallelgesellschaften und Gegenwelten aufbauen. Solange islamistische Organisationen europaweit teils recht erfolgreich versuchen, die maßgeblichen Institutionen zu manipulieren und Sonderrechte durchzudrücken, kann kaum Normalität einkehren, und dies wäre genau der Zustand, den es zu erreichen gilt.

**96. Wie ergeht es heutzutage den Muslimen in Europa?** Der Zusammenprall der Muslime mit Europa erfolgte in mehreren Phasen. Seine Geschichte begann im Westen mit der Eroberung des größten Teils des heutigen Spaniens, von al-Andalus. Sie reicht in das 8. Jahrhundert zurück und währte fast 800 Jahre. Im Jahre 732 wurden die Muslime auf ihrem Vorstoß ins Frankenland bei Tours und Poitiers durch Karl Martell geschlagen und – mit Ausnahme von Narbonne – auf Spanien zurückgedrängt. Das Kalifat der spanischen Umayyaden dauerte bis 1031; danach zerfiel das Land in Kleinkönigtümer, und die Christen eroberten Stadt um Stadt zurück, bis im Jahre 1492 als letzte islamische Bastion Granada mit der Festung «Alhambra» durch die christlichen Herrscher der Vereinten Königreiche von Aragonien und Kastilien, Ferdinand und Isabella, fiel. Die Muslime haben an ihren zahlreichen Universitäten großartige Leistungen in den Kulturwissenschaften, Naturwissenschaften, in der Medizin, Astronomie, Landwirtschaftskunde, Geographie, Architektur und Philosophie hervorgebracht und in ihren Bibliotheken griechische Werke wie die Schriften des Aristoteles tradiert; all dies sind kulturelle Errungenschaften, von denen Europa dauerhaft zehrt. Der *Reconquista* folgte die erbarmungslose Vertreibung der Juden, der Muslime sowie der zum Christentum übergetretenen Muslime. Nicht die Europäer, sondern der osmanische Sultan nahm damals die Juden in Istanbul auf. Seit dem ausgehenden 11. Jahrhundert verwüsteten die *Kreuzzüge* das «Heilige Land» und fanden ihre Fortsetzung in immer wieder aufflackernden Kämpfen zwischen Muslimen und Christen im Orient wie auch in Europa. Die wechselvolle Geschichte von Bündnissen und Schlachten, Verträgen und folgenreichen Friedenschlüssen muss anderen Darstellungen überlassen werden.

Der nächste gewaltige Islam-Vorstoß kam aus dem Osten. Nach der Eroberung von Byzanz im Jahre 1453 und dem damit verbundenen Niedergang des oströmischen Christentums weiteten die Osmanen ihr Reich (≈1300–1923) kontinuierlich aus; auf dem europäischen Kontinent drangen sie über den Balkan zweimal bis Wien vor, das sie 1529 und 1683 vergeblich belagerten. Diese Ereignisse haben bis in die jüngste Gegenwart auf beiden Seiten ihre Narben hinterlassen.

Ein Sonderfall ist die *Türkei* mit ihrer Brückenfunktion zwischen Orient und Okzident und ihrer Präsenz in vielen euopäischen Ländern. Die Türkei war nie wirklich säkular, trotz der Entmachtung der islamischen Würdenträger durch Atatürk, der die Religion ins Privatleben, die Orden in den Untergrund verdrängt und die Scharia außer Kraft gesetzt hat. Statt – wie von ihm gewollt – den Islam zu kontrollieren und zu knebeln, wurde das Präsidium für Religionsangelegenheiten (*Diyanet İşleri Başkanlığı*) seit 2003 zum machtvollen Instrumentarium der AKP-Regierung; es ist direkt dem Ministerpräsidenten unterstellt und mit dem zweithöchsten Staatsetat ausgestattet. Die kurz «Diyanet» genannte Behörde prägt, fördert und überwacht den türkisch-sunnitischen Staatsislam im In- und Ausland; in Deutschland ist ihr DİTİB zugeordnet.

Schon seit den 1970er-Jahren meldete sich der Islam in der Türkei immer offener zurück. Bei der Abkehr von Atatürks Islam-Politik und der Re-Islamisierung der Türkei taten sich zwei charismatische Persönlichkeiten hervor: der trotz zeitweisem Berufsverbot unaufhaltsam zum Staatspräsidenten aufgestiegene Recep Tayyip Erdoğan sowie der einstige Imam und Wanderprediger und jetzige Religionsgroßunternehmer Fethullah Gülen. Beide sind beseelt von der Vision eines türkisch-islamischen Staats nach dem Vorbild des Osmanischen Reichs. Gülen soll in den Staatsstreich von 1980 verwickelt gewesen sein. 1999 ging er freiwillig ins Exil in die USA, was mit seiner damaligen Nähe zur CIA zusammenhängen soll. Von Pennsylvania aus dirigiert er – pragmatisch und bis zur Verleugnung eigener Positionen flexibel – sein systematisch aufgebautes, aber intransparentes Bildungs-, Medien- und Wirtschaftsimperium. Die Gülen-Bewegung, die sich seit einiger Zeit Hizmet-Bewegung nennt, betreibt in rund 160 Ländern Kindergärten, Schulen und Nachhilfezentren zur Ausbildung einer neuen «goldenen Generation» und künftigen Führungselite. Leitlektüre sind die zahlreichen teils mystisch inspirierten, teils programmatischen Schriften Gülens. In ihnen zeigt sich seine Janusköpfigkeit, denn trotz des sanften, liberalen Bildes, das in der Öffentlichkeit gerne von ihm gezeichnet wird, ist er politisch und religiös konservativ. Ziel seines Netzwerks sind die islamische Mission und – bei Akzeptanz und Nutzung von offenen Gesellschaften als Übergangsformen – die Schaffung eines weltumspannenden gerechten islamischen Staats. Gülen erklärt, dass sich «Gläubige auch mit hochentwickelten Waffen ausrüsten müssen». Deshalb «müssen sie in Wissenschaft und Technik noch mehr Fortschritte als die Ungläubigen machen», und unter Verweis auf Sure 9:38f heißt es: «Wenn der Kampf unvermeidbar ist, dürfen Muslime nicht zögern, zu den Waffen zu greifen und an die Front zu eilen.» (Der Prophet Muhammad als Befehlshaber, S. 40f)

Seit 2010 hat sich das Verhältnis zwischen den beiden ehemaligen Weggefährten dramatisch verschlechtert. Gülens Netzwerk wurde Erdoğan zu mächtig und zu gefährlich. Er sieht in Gülen den Drahtzieher des Putschversuchs vom 15./16. Juli 2016, der 246 Todesopfer forderte, und erklärte ihn zum Top-Terroristen. Sein Kampf gegen die Gülen-Bewegung geht mit der Entwicklung der Türkei zu einer islamisch-nationalistischen Diktatur einher, in der nationale und religiöse Minderheiten und die politische Opposition rücksichtslos verfolgt werden.

Alle *osteuropäischen* Länder befinden sich durch den staatlich verordneten Atheismus in einer mehr oder weniger ausgeprägten Reanimierungsphase des Islam. Russland war jahrhundertelang der Erzfeind der Türken. Heutzutage lebt dort knapp die Hälfte der europäischen Muslime, und in Moskau steht die erste repräsentative Moschee, die im Übrigen zum Teil von der Türkei bezahlt wurde.

7000 Moscheen zeugen von einem mächtigen Aufschwung des Islam. Es entstehen weit verzweigte islamistische Netzwerke, die von der Regierung mit Skepsis betrachtet werden. Die Bewegung des

Fethullah Gülen wurde 2002 wegen «Zusammenarbeit mit der CIA» in Russland wie auch in der Ukraine verboten. Tschetschenische Freischärler unter salafistischer Führung wollen mit Terrorakten die Unabhängigkeit der nordkaukasischen Teilrepublik erkämpfen; in ihrem Herrschaftsbereich gilt die Scharia. Anders als in Russland ist in *Bulgarien* die Imam-Ausbildung angeboten.

Drei Entwicklungen haben in den letzten Jahren den Islam in Europa und das Verhältnis der Europäer zu den Muslimen einschneidend verändert: erstens die Welle der Terrorakte zuerst durch Anhänger von al-Qaida und nun durch den sogenannten Islamischen Staat (IS), zweitens der Zustrom an Flüchtlingen und Asylbewerbern aus muslimischen Ländern und drittens das Erstarken rechtsradikaler Gruppierungen mit anti-jüdischen und anti-islamischen Exzessen. Die Folgen sind dramatisch: Die im Umgang mit diesen Gegebenheiten uneinige Europäische Union steht heute vor einer Zerreißprobe. Die islamischen Gemeinden organisieren sich allmählich, werden aber mit Skepsis betrachtet. Die *Bulgaren* haben die meisten Türken aus dem Land gewiesen und den Rest – auch mit der verordneten Anpassung der Nachnamen – einigermaßen zwangsintegriert. In *Griechenland* erinnern am ehesten noch die Namen kulinarischer Genüsse an die osmanische Epoche; das gilt freilich nicht für Mazedonien. Bosnien und Albanien waren bis 1877 respektive 1913 Teile des Osmanischen Reichs. Die einst missionierenden Derwischorden konnten insgeheim, wenn auch arg geschwächt, vor allem in *Albanien* die Herrschaft Enver Hoxhas überleben. Der Islam auf dem Balkan – speziell in *Bosnien* – galt seit jeher als moderat. Die Anbindung an *Österreich* und die dortige Akzeptanz des Islam als Körperschaft des öffentlichen Rechts haben lange ein friedliches Verhältnis geschaffen, das in jüngster Zeit durch islamistische Aktivitäten erste noch kaum erkennbare Risse bekommt. Einige muslimische Organisationen versuchen gegenwärtig, sich in *Nordpolen* festzusetzen.

Die europäische *Kolonialherrschaft*, die Befreiungskriege und die Gründung islamischer Nationalstaaten, die erst gegen Mitte des 20. Jahrhunderts gänzlich abgeschlossen war, haben nicht nur Nordafrika bis Südostasien dramatisch und nachhaltig beeinflusst, sondern wirken sich bis zum heutigen Tag auf das Verhältnis zu muslimischen Immigranten in Europa aus. Die Neuzuwanderer hatten in der Regel sowohl das Bildungssystem ihrer einstigen Beherrscher durchlaufen als auch die jeweilige Zweitsprachenkompetenz erworben. In Großbritannien hatten die meist aus dem indo-pakistanischen Raum und aus Ostafrika kommenden Muslime bereits einen britischen Pass. Wer in *Frankreich* als Kind mindestens eines französischen Elternteils geboren wird, ist automatisch französischer Staatsbürger. Das eigentlich laizistische Frankreich hat ebenso wie Spanien zudem mit den Muslimen Kooperationsverträge abgeschlossen und selbst für die Wahlen einer Islam-Vertretung, der Schura, gesorgt. Die soziale Eingliederung der überwiegend arabischen Muslime gelang dennoch nicht, wie die Straßenschlachten in den Vorstädten von Marseille oder Paris demonstrieren. Dem gemäßigten Imam der Großen Moschee von Paris, Dalil Boubaceur, und dem reformorientierten Mufti von Marseille, Soheib Bensheikh, der vom Staat vor radikalen Islamisten geschützt werden muss, stehen Einrichtungen wie das den Muslimbrüdern zuzurechnende Château Chinon in Burgund machtvoll gegenüber. Die Lage spitzt sich zu. Einer 2016 durchgeführten Umfrage zufolge wünscht die Hälfte der jungen Muslime in Frankreich die Einführung der Scharia als geltendes Recht, während der vormalige Staatspräsident François Hollande einen «französischen, demokratiefreundlichen Islam» einfordert. Er ist zugleich der Ansicht, der IS habe Frankreich den Krieg erklärt, woraus weitreichende Sicherheitsvorkehrungen resultieren. Trotzdem fühlen sich die Juden nicht mehr sicher und wandern zu Tausenden aus Frankreich aus. In Deutschland rät der Zentralratsvorsitzende der Juden, außer Haus nicht mehr die Kippah aufzusetzen, um nicht als Jude erkennbar zu sein. Es ist unfassbar, dass es schon wieder oder immer noch Deutsche gibt, die aus unserer unheilvollen Vergangenheit nichts gelernt haben.

Im Jahr 1984 gaben in *Großbritannien* Muslime eine Charta mit der Forderung nach Einführung der Scharia im Familienrecht heraus. 2016 soll es etwa hundert Scharia-Gerichtshöfe geben, die zwar keine Körperstrafen verhängen, jedoch die Rechte der Frauen beschneiden und Homosexuelle verurteilen (siehe auch Frage 73).

1991 gründeten die Muslime ein islamisches «Gegenparlament», das eine autarke, anti-westliche Enklave auf englischem Boden durchsetzen wollte. Der *Muslim Council of Britain (MCB)* vertritt gegenwärtig als mächtigste Vertretung islamische Interessen. Islamistische Zentren finden sich in der Hauptstadt, in Markfield sitzt die *Islamic Foundation*, die auf staatstheoretischen und religiösen Werken des

Gründers der pakistanischen radikalen Jamaat-i Islami, Abu Ala al-Maududi, basiert. Andererseits akzeptiert man auf politischer Ebene unkompliziert muslimische Ansprüche, baut z. B. in Richtung Mekka weisende Gefängnistoiletten um oder lässt Turbanpolizisten zu, hat aber angesichts der rigiden Klassenstrukturen auch nur wenige Berührungspunkte; und doch konnte im Mai 2016 der weltoffene Muslim Sadiq Aman Khan zum *Mayor of London* gewählt werden. Das Konzept der Gruppenintegration hat sich in England grundsätzlich nicht bewährt.

Die *Niederlande* galten lange als Musterbeispiel für gelungene Integrationsarbeit; die hohen Ansprüche an die Sprachkenntnisse von überwiegend türkischen und marokkanischen Einwanderungswilligen waren jedoch nicht wirkungsvoll genug. Die seit 1982 in der Verfassung verankerte Trennung von Staat und Religion gewährte allen Glaubensgemeinschaften gleiche Rechte. Staatlich subventioniert werden dennoch nach dem Gießkannenprinzip auch die knapp vierzig islamischen Privatschulen, die meist von türkischen islamistischen Organisationen unterhalten werden. In Rotterdam steht seit 1998 die europaweit erste private Islamische Hochschule. Nicht erst seit der Ermordung des Filmregisseurs Theo van Gogh sind Fragen aufgeworfen worden, ob man nicht allzu leichtfertig der Hoffnung auf Integration der bereits dritten Generation von Muslimen vertraut und – zum Schaden der integrierten Muslime – allen Richtungen Tür und Tor geöffnet hat. *Belgien* ist ein Beispiel dafür, wie saudi-arabische Funktionäre trotz numerischer Unterlegenheit das Milieu und die Vertretung der Muslime stark mitbestimmen. So liefert Saudi-Arabien seit den 1970er Jahren verbilligtes Öl und errichtet die größte belgische Moschee. Belgien ist eines der bedrohlichsten Salafisten-Zentren Europas; der Brüsseler Stadtteil Molenbeek ist schon fast zum Synonym für Terrorismus geworden, der sich auch gegen das Aufnahmeland richtet. Eine wichtige Schaltstelle der islamistischen Muslimbrüder für die Entwicklung des Islam in Europa, die *Federation of Islamic Organisations of Europe (FIOE)*, befindet sich in Brüssel (siehe auch Frage 89); weitere extremistische Gruppierungen wie *Sharia4Belgium* haben sich dort ebenfalls angesiedelt.

Die Anerkennung des Islam als öffentlich-rechtliche Körperschaft ist bereits in den 1970er Jahren erfolgt. In Brüssel wurde eine Muslimin zur Bürgermeisterin gewählt. Doch wächst die Angst vor der bevorstehenden demographischen Verschiebung zu Ungunsten der einheimischen Bevölkerung und führt zu mehr oder weniger subtil abwehrenden Reaktionen.

Auch *Italien* hat eine frühe islamische Vergangenheit; nicht nur Sizilien und Sardinien waren lange Zeit von Muslimen besetzt, und im 9. Jahrhundert gab es Emirate auf italienischem Boden, beispielsweise in Apulien. Der Reichtum von Genua und Venedig beruhte zum großen Teil auf dem Handel mit der Levante, und Seeschlachten sind Teil der Geschichte mit Muslimen. Kurz war das Abenteuer der Kolonialherrschaft über Libyen 1911 und 1912. Nun steht in Rom eine hochmoderne große Moschee mit Blick auf den Vatikan. Probleme mit den überwiegend aus Somalia stammenden Muslimen werden nur punktuell bekannt. Die *Schweiz* war die erste Station für im Heimatland verfolgte Muslime, insbesondere für die äußerst agilen Muslimbrüder, die sich bald nach Deutschland hin orientierten. In der Schweiz errichteten sie die erste Islamische Bank auf europäischem Boden. Als eigenständige Religionsgemeinschaft werden sie freilich erst in letzter Zeit wahrgenommen; auf Grund des Volksbegehrens vom Herbst 2006 muss die Einwanderung in die Schweiz eingeschränkt werden.

Obwohl die Voraussetzungen für das Zusammenleben mit den Muslimen in europäischen Ländern stark divergieren, sind die Probleme auf beiden Seiten weitgehend identisch und nirgends gelöst. Konflikte der Herkunftsländer werden importiert. Ein fundamentalistischer Islam mit einheitlicher Zielsetzung überdeckt und erstickt alles, was sich gemäßigt und menschenrechtskonform entwickeln könnte; seine Vertreter nehmen einseitig die Führungsrolle für sich in Anspruch, was leider auch noch in großer Breite akzeptiert wird. Aufs Ganze gesehen zeigt sich, dass die Muslime in Europa schon viel erreicht haben, dass aber angesichts der Morde und Terrorakte nun auch in Europa die Skepsis gegenüber Organisationen mit religiöser Orientierung und ihren Moscheen wächst. In keinem einzigen westlichen Land ist es gelungen, der Entwicklung zu sich abkapselnden Parallelgesellschaften ein wirksames Konzept entgegenzusetzen. Gleichwohl haben die meisten Muslime mit den gewalttätigen Vorgängen nichts zu tun und sind verlässliche Bürger, auf die man bauen kann und auch sollte.

# Islam in Deutschland

**97. Wer vertritt die Interessen der Muslime in Deutschland?** Bislang haben einige Verbände selbstherrlich die Interessenvertretung der hiesigen Muslime übernommen. Sie bestimmen, wer gläubig ist und welche Glaubensart zu praktizieren ist; sie wachen auch darüber, dass die strengsten Varianten des Islam die Diaspora-Muslime von Abwegen im sittenverrohten Deutschland abhalten. Als größte und wichtigste Vereinigung gilt die türkei-staatliche *Türkisch-Islamische Union der Anstalt für Religion (DİTİB)*, die sich immer offener an den islamistischen Verbänden orientiert. Diese sind: der *Islamrat für die Bundesrepublik Deutschland*, der von der türkischen Organisation *Islamische Gemeinschaft Milli Görüş (IGMG)* dominiert wird, der *Zentralrat der Muslime in Deutschland (ZMD)*, der überwiegend aus Muslimbruder-Vereinigungen besteht und dem auch das schiitische Iran-abhängige *Islamische Zentrum Hamburg* angehört, ferner der *Verband der Islamischen Kulturzentren (VIKZ)*. Im April 2007 haben diese vier Dachverbände die Gründung des gemeinsamen *Koordinierungs-* bzw. *Koordinationsrats (KRM der Muslime*) bekannt gegeben. Dieser kann zwar nur für höchstens 20 Prozent der Muslime sprechen, beansprucht jedoch die alleinige Deutungshoheit über Glaubensfragen. Die Sprecher des KRM wechseln sich im halbjährigen Turnus ab. Das DİTİB ist mit seinen mehr als 900 Gemeinden die mit Abstand größte Organisation und hat alleiniges Vetorecht. Geradezu mediale Omnipräsenz zeigt Aiman Mazyek, KRM-Sprecher und Vorsitzender des kleinsten dieser Verbände, des Zentralrats der Muslime in Deutschland. Nicht vertreten sind die *Hizmet-Bewegung* des *Fethullah Gülen*, die meisten Sufi-Orden, die Ahmadiyya und der große Aleviten-Verband AABF mit rund 150 Ortsgemeinden.

Im November 2013 hat erstmals ein Bundesland mit der dortigen *Schura*, dem Rat der Islamischen Gemeinschaften in Hamburg e. V., auf Landesebene eine Art «Staatsvertrag» abgeschlossen, dem zufolge islamischen und alevitischen Vereinen zunächst – wie den Kirchen – das Recht auf Arbeitsbefreiung an ihren höchsten Feiertagen zugesprochen wurde; im Jahr 2018 soll schulischer Religionsunterricht folgen. Zur Hamburger *Schura* gehören 36 Moscheen und 18 Vereine, zum Beispiel der für Bildung und Jugend. Bremen folgte.

Doch in Niedersachsen und in Nordrhein-Westfalen stockt – Stand Mitte Oktober 2016 – der Vertragsabschluss, nachdem DİTİB ein den Dschihad verherrlichendes Comic der türkischen Religionsbehörde verbreitet hat. Der Einfluss des türkischen Staates ist ohnehin beachtlich, denn die meisten Imame der DİTİB-Moscheen sind türkische Beamte; der Vorsitzende ist Botschaftsrat der türkischen Regierung. DİTİB trägt hierzulande zur Verfolgung der Anhänger Gülens bei, die der türkische Präsident Recep Tayyip Erdoğan für den Militärputschversuch von 2016 verantwortlich macht. DİTİB Hessen wurde 2013 vom Land Hessen als Vertragspartner für islamischen Religionsunterricht erkoren, muss aber bis zum 31.12.2018 «seine Unabhängigkeit sowie fortdauernde Eignung» als Partner nachweisen.

Die liberalen Kräfte haben sich erst spät und nur marginal organisiert und überlassen den konservativen, teils sogar extremistischen Muslimen immer noch viel zu viel Spielraum.

**98. Welche Probleme und Ansprüche haben Muslime in der Diaspora?** Vorab ist festzustellen, dass die Muslime schon sehr viel erreicht haben und zahlreiche Ansprüche bereits erfüllt sind oder kurz davor stehen. Grundsätzlich ist zwischen den religiös begründeten konkreten Bedürfnissen und den darüber hinausgehenden Wünschen der Muslime zu unterscheiden. Sofern die Bedürfnisse nicht mit unseren Gesetzen kollidieren und für die nicht-muslimische Bevölkerung nachvollziehbar sind, steht ihrer Verwirklichung nichts im Wege.

Wenden wir uns den Bedürfnissen von Muslimen in Deutschland zu, so sind diese klar zu definieren: Muslime brauchen Freitagsmoscheen, um das für Männer verpflichtende Gemeinschaftsgebet verrichten zu können. Die allermeisten islamischen Gemeinden wollen daher zuallererst eine eigene Moschee errichten. Hierzulande ist für die Baugenehmigung der zuständigen Behörden allein die Bereitstellung von ausreichenden Parkplätzen, gegebenenfalls noch die Höhe der Minarette und die Lautstärke des Gebetsrufs maßgeblich. Allein in Berlin gibt es rund hundert Gebetsräume, in Hamburg schwanken die Angaben zwischen 50 und 70 – gegenüber 42 katholischen Kirchen –, und in Köln sind 34 Moscheen registriert. Deutschlandweit rechnet man mit 2750 Moscheen und rund 220 klassischen Moscheen mit Minarett. Exakte Zahlen liegen allerdings nicht vor.

Muslime benötigen außerdem Gräberfelder mit den dazugehörigen Waschanlagen, um ihre Toten nach ihrem Ritual zu bestatten. Mehr als hundert islamische Friedhöfe und Gräberfelder auf dem Gelände kirchlicher oder kommunaler Friedhöfe bieten die Möglichkeit einer religiösen Beerdigung ohne Sarg, den Kopf der Verstorbenen gen Mekka ausgerichtet. Die Ahmadis und die Aleviten haben eigene Friedhöfe.

Islamische Organisationen kämpften mit Erfolg um Sonderrechte wie das betäubungslose Schlachten, das dem Tierschutzgesetz widerspricht.

Seit der Eröffnung des ersten Islamzentrums Anfang 2012 in Tübingen wird nunmehr auch an drei weiteren Standorten – den Universitäten Gießen-Frankfurt, Erlangen-Nürnberg und Münster-Osnabrück – das Studienfach Islamische Theologie angeboten. Das Land Berlin plant Vergleichbares. In den alten Bundesländern wird versuchsweise Religionsunterricht erteilt; die Lage wird sich verbessern, wenn die Religionslehrerausbildung die ersten Absolventen hervorgebracht hat. Der Koranunterricht in den Moscheen jedoch wird bleiben, doch ist er jetzt nicht mehr alternativlos. Bereits seit 2008 kann die *Alevitische Gemeinde Deutschland* (AABF) ihren eigenen Religionsunterricht durchfuhren.

Islamische Verbände und Eltern bemühen sich darum, die Schulkinder per Gerichtsbeschluss vom koedukativen Sportunterricht und vom Sexualkundeunterricht zu befreien. Der Zeichenunterricht soll auf Ganzkörperdarstellungen von Mensch und Tier verzichten. Mehrtägige Klassenfahrten sollen unterbunden werden. Die Schüler werden auf diese Weise in der Klasse isoliert.

Die *Hizmet*-Bewegung Fethullah Gülens befindet sich im Umbruch, und Deutschland bietet sich als ihr neues Wirkungszentrum an. Doch immer mehr Türken melden, oft aus Angst vor Repressalien, ihre Kinder von ihren Einrichtungen ab. Zwei der 25 Schulen und die Hälfte der 150 Nachhilfezentren und «Lichthäuser» (ışık evleri) für Schüler, Studierende und Azubis mussten bereits geschlossen werden. Der Hass Erdoğans auf Gülen, den «Staatsfeind Nr. 1», kennt keine Grenzen.

Die islamischen Organisationen wünschen die Gleichstellung mit den Kirchen sowie Sitz im Rundfunkrat und allen politisch relevanten Gremien. Im Bremer Rundfunkrat sitzen als ordentliche Mitglieder – Stand Mai 2018 – eine Vertreterin der *Schura*, von DİTİB und

VIKZ sowie ein unabhängiger Alevit; der SWR vergab einen Sitz an die «Muslimischen Verbände in Baden-Württemberg», und Hessen 2017 an einen DİTİB-Mann. Weitere Sender wollen folgen. Mit dem ausgezeichneten, im Internet ausgestrahlten *Forum am Freitag* gibt das ZDF seit dem 16. Juli 2007 den Muslimen die Möglichkeit, sich in ihrer ganzen Vielfalt darzustellen und sich aktiv in den gesellschaftlichen Diskurs einzubringen. Die Verantwortung liegt bei den Leitern von «Kirche und Leben», die Redaktion allerdings in muslimischer Hand.

**99. Verändert der Islam Deutschland?** Der Islam greift hierzulande in fast alle Lebensbereiche ein. Nach außen hin sichtbar haben die Städte durch die Kuppeln und Minarette der Moscheen neue Silhouetten bekommen. Ganze Viertel – nicht nur von Großstädten – haben orientalische Züge angenommen; man spricht dort alle möglichen Sprachen, nur nicht Deutsch. Mehrheitlich hegen die hiesigen Muslime wenig religionsbezogene Wünsche (siehe dazu Frage 98). Tatsächlich aber prescht eine stimmgewaltige Minderheit von islamischen Fundamentalisten vor, um hierzulande so viel Islam wie möglich durchzusetzen, mit teilweise frappierendem Erfolg. Der Staat hat zwar angefangen, darauf zu reagieren, aber er kommt weder um Integrationsprogramme noch um Präzisierungen oder Neufassungen von Gesetzen herum. Das Religionsprivileg von Vereinen ist beispielsweise bereits gestrichen worden, so dass radikale Vereinigungen wie der *Kalifatsstaat*, die *Hizb ut-Tahrir* oder der *al-Aqsa-Verein* leichter verboten werden konnten. Die Länderregierungen wurden vom Bundesverfassungsgericht aufgefordert, gesetzlich zu regeln, wie sie es mit dem Kopftuchverbot für Lehrerinnen und Beamtinnen im öffentlichen Dienst halten wollen, und sie müssen darüber entscheiden, ob und gegebenenfalls wem sie den islamischen Religionsunterricht verantwortlich überlassen können. Den Zwangsehen wird nunmehr gesetzlich Einhalt geboten, sofern sie überhaupt bekannt werden.

Allein der von den Süleymancıs gegründete *Verband der Islamischen Kulturzentren (VIKZ)* plant jedoch mehr als 50 Schüler- und Schülerinnenwohnheime oder hat sie bereits eingerichtet; die Zöglinge besuchen zwar die Regelschule, jenseits dessen aber werden sie vollkommen von der deutschen Mehrheitsgesellschaft ferngehalten und religiös geformt. Es gibt auch noch weitere so genannte Internate, beispielsweise der *Islamischen Gemeinschaft Milli Görüş (IGMG),* und staatlich anerkannte als «türkisch-deutsch» deklarierte islamische Privatgymnasien insbesondere der Gülen-Bewegung. Islamische Studentenwohngruppen vervollkommnen das Bild einer bislang nur partiell wahrgenommenen grundsätzlichen Verlagerung der Bildung in islamische bis islamistische Institutionen. Eine Änderung des Jugendhilfegesetzes sollte die rechtliche Handhabe bieten, um wirksame Gegenmaßnahmen ergreifen zu können und zu verhindern, dass diese jungen Menschen nicht mehr in die Gesellschaft zu integrieren sind.

Bedauerlicherweise kommen unter dem Druck dieser Organisationen, vor deren Wirken in den Ursprungsländern viele Muslime nach Deutschland geflohen sind, die hervorragenden Eigenschaften der Immigranten wie die hinreißende Gastfreundschaft oder der ausgeprägte Familienzusammenhalt gesamtgesellschaftlich kaum zum Tragen.

**100. Kann man die Scharia als verbindliche Rechtsnorm in Deutschland tolerieren?** Scharia-gläubige Muslime in Deutschland wollen hierzulande zunächst für ihre eigene Anhängerschaft islamische Rechtsnormen durchsetzen. Jener Teil der Scharia, der das Verhältnis zwischen den Menschen und Gott regelt, nämlich die «Fünf Säulen des Islam», tangiert unser Rechtssystem nur dort, wo es um das tierschutzwidrige Schächten ohne Betäubung oder um das Tragen politischer Symbole im öffentlichen Dienst geht. Anders verhält es sich allerdings mit jenem Teil der Scharia, der die Beziehungen der Menschen untereinander regelt und in einigen wesentlichen Punkten den universalen Menschenrechten und weiteren rechtlichen Bestimmungen zuwiderläuft. Werden diese nicht akzeptiert, sondern unterlaufen, dann besteht die Gefahr, dass unser freiheitlicher Rechtsstaat islamisch-rechtlichen Gegenkonzepten ausgesetzt wird und diese hierzulande Fuß fassen.

Dass eine solche Entwicklung denkbar ist, selbst wenn sie die Stellung der Frau berührt, hatte bereits 1994 die damalige Präsidentin des Bundesverfassungsgerichts laut angedacht. Angesichts der Auflösung der traditionellen Ehe – etwa durch die Anerkennung gleichgeschlechtlicher Lebensgemeinschaften seitens des Staats und der EKD (Evangelische Kirche in Deutschland) – wurde hierzulande ernsthaft diskutiert, ob die Polygamie als weitere Eheform auf eine gesetzlich geregelte Grundlage gestellt werden könne. Tatsächlich müssen sich deutsche Gerichte mit Mehrehen und deren Folgen auseinandersetzen. Das gilt zum Beispiel im Todesfall des Ehegatten für die Rente oder für das Erbe der Kinder aus weiteren Ehen; unter bestimmten Bedingungen werden auch die scharia-gebundenen Gesetze der Herkunftsländer der Betroffenen angewandt. Hier kommt die Scharia sozusagen durch die Hintertür in Gerichtssäle und Amtsstuben. Ein hiesiger muslimischer Jurist erachtete es in einem Vortrag als denkbar, dass unter der Voraussetzung der Schaffung eines auf deutsche Verhältnisse abgestimmten, kanonisierten und von den islamischen Verbänden gemeinsam getragenen Scharia-Kodex zweierlei Recht in Deutschland nebeneinander gelten könne. Entsprechende Versuche, die Scharia durchzusetzen, werden zum Beispiel in Kanada oder in England unternommen.

Als idealisiertes Vorbild für ein gedeihliches Miteinander in Europa schwebt Muslimen – beispielsweise dem Präsidenten des türkeistaatlichen Präsidiums für Religionsangelegenheiten in seiner Rede vom 9. November 2005 in Mari – dabei das Millet-System in dem einstigen osmanischen Vielvölkerstaat vor, das den Juden und Christen freie Gerichtsbarkeit in Personalstandsfragen gestattet hatte. Sozusagen mit umgekehrten Vorzeichen solle diese Praxis auf die hiesige muslimische Minderheit angewandt werden. Das ist jedoch schon deshalb nicht übertragbar, weil unser Grundgesetz die Gleichbehandlung aller Bürger voraussetzt, im Osmanischen Reich Angehörige religiöser Minderheiten jedoch stets nur Bürger zweiter Klasse waren. Aber auch unabhängig von dem seinerzeit fortschrittlichen Modell würde die Scharia keine unter dem Aspekt der Menschenrechte akzeptablen Veränderungen bieten oder diese gar durch eigenständige Beiträge bereichern können.

Wenn aber unser Rechtssystem nicht zur Disposition stehen darf, dann stellt sich die Frage, ob nicht die Freiheiten, die unser Grundgesetz Religionsgemeinschaften gewährt, exakter definiert werden müssen, um die Einwirkungen der Scharia eindeutig auszuschließen. Eine Scharia, die nicht mit unseren rechtsstaatlichen Prinzipien, den Gesetzen und den Menschenrechten konform ist, darf nicht geduldet werden. Es bleibt noch viel zu tun, um den in hohem Maße engagierten Gegenkräften den Wind aus den Segeln zu nehmen.

**101. Gibt es «den europäischen» oder «den deutschen Islam»?** Die Diskussion, ob es überhaupt einen europäischen Islam geben darf oder ob es ihn sogar geben muss, ist in islamischen Kreisen in vollem Gange. Während die einen religiösen Wortführer der Meinung sind, der Islam sei immer und überall derselbe und dürfe sich nicht von Land zu Land verändern und unterscheiden, vertreten andere die Ansicht, der Islam in Europa stehe vor neuen, ganz spezifischen Aufgaben und brauche deshalb auch eigene Lösungen. Drei Initiativen, die den Islam modernisieren und einen deutschen oder europäischen Islam entwickeln wollen, sind bemerkenswert. Erwartungen setzte man zunächst in den *Liberal-Islamischen Bund e. V. (LIB)*, der 2010 gegründet wurde. Drei «Gemeinden» bestünden bereits, allerdings ohne Imame oder Imaminnen, wie deren Internetauftritt – Stand Oktober 2016 – zu entnehmen ist. Als Angebote werden unter anderem «inklusive egalitäre Gebete» und «feministische, genderdifferenzierte Koranexegese» genannt. Ein Blick auf die angegebene Literaturliste fördert zutage, dass die dort aufgeführten Monographien ausnahmslos der Feder der Vorsitzenden entstammen. Im November 2015 wurde das liberal-demokratische *Muslimische Forum Deutschland (MFD)* mit seinen «Berliner Thesen» für ein gutes Miteinander ins Leben gerufen, ein Projekt, um das es aber bislang arg still ist. LIB verwahrte sich gegen die am 16. September 2016 unterzeichnete «Freiburger Deklaration. Gemeinsame Erklärung der Reformmuslime in Deutschland, Österreich und der Schweiz». Initiator ist wie beim Muslimischen Forum Deutschland der Inhaber einer Theologieprofessur. Überzeugender kann man das neue Projekt kaum vorstellen.

Im Grunde wollen alle drei Organisationen die Kompatibilität mit der hiesigen Gesellschaft erreichen. Dazu gehören der kritische Umgang mit dem Koran, die Trennung von Religion und Staat, die Unterordnung der Scharia unter hiesige Gesetze, die Gleichstellung von Mann und Frau sowie die Akzeptanz der individuellen Freiheiten. Gemeinsam ist ihnen die Ablehnung der vom Staat bevorzugten Islam-Verbände. Unterschiedlich sind die Lösungsansätze; es gibt viel Raum, der gerade diese Ideenfülle zulässt, ja sogar erfordert; ein Gegeneinander wäre extrem kontraproduktiv.

Neben den drei akademischen Bemühungen auf Vereinsbasis gibt es weitere nicht minder hoffnungsvolle Ansätze: das Engagement und den Einfallsreichtum jener jungen Muslime und Musliminnen, die hier aufgewachsen und oft deutsche Staatsbürger sind. Sie wollen selbstbewusst ihre religiöse Identität beibehalten, sich deshalb ernsthaft mit den Konflikten zwischen Islam und den hiesigen Gegebenheiten auseinandersetzen und eine positive Antwort auf die längst überflüssige Frage finden, ob der Islam zu Deutschland gehört.

Es ist zu hoffen, dass sich jene gesellschaftskompatiblen und kreativen Vorstellungen durchsetzen, die neue Wege eröffnen, um den Lebensbedingungen der Gläubigen umfassend gerecht zu werden. Das gemäßigt-islamische Bosnien hatte schon einmal – freilich unter historisch nicht vergleichbaren Bedingungen – einen europäischen Islam gelebt, kann gegenwärtig aber keine prägende Rolle übernehmen. Religiöse Institutionen haben generell die Tendenz, im Traditionellen zu verharren; das verstärkt sich oft noch, wenn sie sich in der Diaspora befinden und zudem von außerhalb gesteuert werden. Aber die hier aufgewachsenen Menschen richten an sie Fragen, denen sie nicht dauerhaft ausweichen können. Noch ist nicht entschieden, welche Kräfte sich durchsetzen und ob sich ein «europäischer Islam» entwickeln wird, der den hiesigen Muslimen religiöse Orientierung und gleichzeitig der Gesellschaft eine positive Stütze sein kann.

Die Völkerwanderung, die erst begonnen hat, wird Europa und Deutschland verändern; sie hat es im Grunde schon getan. Es kommt nun darauf an, dass sich diese Gesellschaft nicht spalten lässt, dass die Vertreter des Islam diese Entwicklung nicht als Einladung zur Ausbreitung ihrer Religion verstehen und dass die Nicht-Muslime Rassismus und Fremdenfeindlichkeit abwehren, Chancen für ein offenes Miteinander bieten und nutzen, dort aber klar Grenzen aufzeigen, wo unser Grundgesetz und die Menschenrechte verletzt werden, damit eines Tages die Frage «Almanya, quo vadis?» eine gute Antwort gefunden haben wird.

# Literaturhinweise


Berger, Lutz: *Die Entstehung des Islam. Die ersten hundert Jahre. Von Mohammed bis zum Weltreich der Kalifen.* München 2016.

Bobzin, Hartmut: *Mohammed.* München 3. Auflage 2006.

Ders.: *Der Koran. Eine Einführung.* München 6. Auflage 2006.

Ende, Werner/Steinbach, Udo (Hrsg.): *Der Islam in der Gegenwart.* München 5. aktualisierte und erweiterte Auflage 2005.

Frembgen, Jürgen: *Derwische. Gelebter Sufismus.* Köln 1993; identisch mit: *Reise zu Gott. Sufis und Derwische im Islam.* München 2000.

Göle, Nilüfer/Ammann, Ludwig (Hrsg.): *Islam in Sicht. Der Auftritt von Muslimen im öffentlichen Raum.* Bielefeld 2004.

Halm, Heinz: *Der schiitische Islam. Von der Religion zur Revolution.* München 1994.

Hofmann, Murad Wilfried: *Der Islam im 3. Jahrtausend. Eine Religion im Aufbruch.* München 2000.

Huntington, Samuel P.: *Kampf der Kulturen. Die Neugestaltung der Weltpolitik im 21. Jahrhundert.* München/Wien 5. Auflage 1996.

Ibn Ishâq: *Das Leben des Propheten.* (Aus dem Arabischen übertragen, ausgewählt und bearbeitet von Gernot Rotter). Tübingen/Basel 1976, 1979; 1986; Kandern 1999.

Kermani, Navid: *Gott ist schön. Das ästhetische Erleben des Koran.* München 4. Auflage 2011.

Khoury, Adel [Theodor]: *Toleranz im Islam.* (Entwicklung und Frieden: Wissenschaftliche Reihe 22). München 1980.

Ders: *So sprach der Prophet. Worte aus der islamischen Überlieferung.* Ausgewählt und übersetzt von A. Th. Khoury. Gütersloh 1988.

Ders.: *Mit Muslimen in Frieden leben. Friedenspotentiale des Islam.* Würzburg 2002.

Körner, Felix: *Alter Text – neuer Kontext. Koranhermeneutik in der Türkei heute.* Ausgewählte Texte, übersetzt und kommentiert von F. Körner. Freiburg 2006.

Krawietz, Birgit: *Die Hurma. Schariarechtlicher Schutz vor Eingriffen in die körperliche Unversehrtheit nach arabischen Fatwas des 20. Jahrhunderts.* (Schriften zur Rechtstheorie H. 145). Berlin 1991.

Kriss, Rudolf/Kriss-Heinrich, Hubert: *Volksglaube im Bereich des Islam.* Bd. 1: *Wallfahrtswesen und Heiligenverehrung. Bd. 2: Amulette, Zauberformeln und Beschwörungen.* Wiesbaden 1960 und 1962.

Krämer, Gudrun: *Geschichte des Islam.* München 2005.

Lewis, Bernard: *Die Assassinen. Zur Tradition des religiösen Mordes im radikalen Islam.* Düsseldorf 1989.

Maier, Hans: *Das Doppelgesicht des Religiösen. Religion–Gewalt–Politik.* Freiburg/Basel/Wien 2004.

Müller, Klaus E.: *Kulturhistorische Studien zur Genese pseudo-islamischer Sektengebilde in Vorderasien*, Wiesbaden 1967.

Nagel, Tilman: *Das islamische Recht*. Westhofen 2001.

Ders.: *Islam. Die Heilsbotschaft des Korans und ihre Konsequenzen*. Westhofen 2001.

Ders.: *Geschichte der islamischen Theologie*. Von Mohammed bis zur Gegenwart. München 1994.

Ohlig, Karl-Heinz/Puin, Gerd-R. (Hrsg.): *Die dunklen Anfänge. Neue Forschungen zur Entstehung und frühen Geschichte des Islam*. Berlin 2005.

Peters, Rudolph: *Jihad in Classical and Modern Islam*. Princeton 1996.

Al-Qaradawi, Yusuf: *Erlaubtes und Verbotenes im Islam*. München 1989.

Ramadan, Tariq: *Radikale Reform. Die Botschaft des Islam für die moderne Gesellschaft*, München 2009.

Ritter, Hellmut: *Das Meer der Seele*. Leiden 1978.

Rohe, Mathias: *Das islamische Recht: Geschichte und Gegenwart*, München 3. Auflage 2011.

Ders.: *Der Islam in Deutschland. Eine Bestandsaufnahme*. München 2016.

Rudolph, Ulrich: *Islamische Philosophie: Von den Anfängen bis zur Gegenwart*. München 2004.

Ruthven, Malise: *Historical Atlas of Islam*. Cambridge 2004.

Schimmel, Annemarie: *Und Mohammed ist Sein Prophet. Die Verehrung des Propheten in der islamischen Frömmigkeit*. Düsseldorf/Köln 1981.

Dies.: *Mystische Dimensionen des Islam*. (Erstauflage) Aalen 1979, zuletzt sowohl München als auch Leipzig 1995.

Schirrmacher, Christine /Spuler-Stegemann, Ursula: *Frauen und die Scharia. Die Menschenrechte im Islam*. München 2004.

Sökefeld, Martin (Hrsg.): *Aleviten in Deutschland. Identitätsprozesse einer Religionsgemeinschaft in der Diaspora*. Bielefeld 2008.

Speyer, Heinrich: *Die biblischen Erzählungen im Qoran*. 1. Aufl. 1931, unveränderter Nachdruck Hildesheim 1961.

Spuler-Stegemann, Ursula: *Muslime in Deutschland. Informationen und Klärungen*. Freiburg-Basel-Wien. 3. aktualisierte Auflage 2002.

Dies. (Hrsg.): *Feindbild Christentum im Islam. Eine Bestandsaufnahme*. Freiburg/ Basel/ Wien 2004, 3. Auflage 2005.

Steinacker, Peter: *Absolutheitsanspruch und Toleranz. Systematisch-Theologische Beiträge zur Begegnung der Religionen*. Frankfurt a. M. 2006.

Stieglecker, Hermann: *Die Glaubenslehren des Islam*. Paderborn/München/ Wien 1962.

Tibi, Bassam: *Im Schatten Allahs. Der Islam und die Menschenrechte*. München/ Zürich 1994.

Troll, Christian W.: *Muslime fragen, Christen antworten*. Kevelaer 2003.

Wellhausen, Julius: *Reste arabischen Heidentums*. 3. Auflage. Berlin 1961.

# Glossar

*ahl al-bait:* Leute des Hauses, Menschen, die von Mohammed abstammen
*ahl al-kitâb:* Leute der Schrift, Juden, Christen und Sabäer als Monotheisten mit ursprünglich göttlicher Offenbarung
*ʿaql:* Vernunft
*âya, Pl. âyât:* Wunderzeichen, Koran-Verse
*baraka:* Segen
*basmala:* der Segensspruch «im Namen Gottes, des Erbarmers, des Barmherzigen»
*bidʿa:* der Scharia nicht gemäße und deshalb inakzeptable Neuerung
*cem:* alevitisches Gemeinschaftsritual
*chalîfa:* Nachfolger, Sachverwalter, Stellvertreter
*dâr al-islâm; dâr al-harb; dâr al-sulh/dâr al-ʿahd:* die Aufteilung der Welt
*daʿwa:* Einladung zum Islam, Mission
*dhikr:* Gottesgedenken
*dhimmî:* Schutzbefohlener, Angehöriger der Buch-Religionen mit Schutzvertrag
*dschâmi:* Freitagsmoschee (türkisch: *cami*)
*dschihâd:* religiös legitimierter Glaubenskampf; auch innerer Kampf gegen böse Regungen
*dschinn:* Geistwesen, Dämonen
*dschizya:* Kopfsteuer, die Angehörige der Buch-Religionen zu zahlen haben
*fanâ:* Entwerden, *unio mystica*
*fâtiha:* die 1. Sure des Korans
*fiqh:* Jurisprudenz
*fitra:* die natürliche Religion, die mit dem Islam identisch ist
*hadîth, Pl. ahâdîth:* (das «th» entspricht dem englischen stimmlosen «th» wie in thought) schriftlich fixierte Überlieferung von Aussagen, Verhaltensweisen und Handlungen Mohammeds
*hadd, Pl. hudûd:* Körperstrafe
*haddsch:* Pilgerfahrt nach Mekka
*haddschi:* Ehrentitel für jemanden, der die große Pilgerfahrt durchgeführt hat
*hâfiz/hâfiza:* jemand, der/die den Koran auswendig gelernt hat
*hammâm:* «Türkisches Bad»
*hanif:* Monotheist
*hidschra:* Übersiedlung Mohammeds von Mekka nach Medina im Jahr 622, dem Jahr 1 islamischer Zeitrechnung
*hizmet:* Dienst
*hudâ:* Rechtleitung
*idschâza:* Lehrerlaubnis

*idschtihâd:* Anwendung eigenständiger Vernunftkriterien, die über die Scharia und die Methodik der Rechtsfindung hinausgeht, ohne zur verbotenen *bid'a* (Neuerung) zu führen
*imâm:* Vorbeter in einer Moschee; in der Schia außerdem einer der 12 unfehlbaren Imame
*imân:* Glaube
*indschîl:* Evangelium
*intifâda:* Aufstand der Palästinenser gegen Israel (Beginn 1987 und als 2. Intifada 2000)
*irtidâd:* Apostasie
*ışık evleri:* „Lichthäuser«, Wohnungen für junge Gülen-Anhänger
*isnâd:* Tradentenkette
*istihsân:* Billigkeit
*kaaba:* das zentrale Kultheiligtum der Muslime
*kâfir, Pl. kuffâr:* Ungläubiger
*kalima:* Wort
*ketmân:* persisch für *taqîya*
*khamr:* Wein
*kufr:* Unglauben
*maarifa:* Erkenntnis, Gotteserkenntnis
*mahrana:* männlicher Verwandter, der so nahe steht, dass dies die Ehe ausschließt
*masdschid:* Moschee / *dschâmi,* große für das Freitagsgebet ausgestattete Moschee
*masîh:* Messias
*maslaha:* Gemeinwohl
*mihrâb:* Gebetsnische in der Moschee, ausgerichtet nach Mekka
*minbar:* Kanzel in der Moschee
*mufti:* Theologe mit der Befähigung, Fatwas auszustellen
*mudschâhid:* einer, der Dschihâd ausübt, Glaubenskämpfer
*musahiplik:* Weggemeinschaft bei den Aleviten
*nîya:* Absichtserklärung
*râschidûn:* die vier rechtgeleiteten (Kalifen): Abu Bakr, Umar, Uthman und Ali
*rasûl:* Gesandter (Gottes)
*ribâ:* Wucher
*rihla:* Koran-Ständer
*rızalık:* alevitischer Begriff für Einvernehmen, Einklang
*rûh:* Geist
*sadaqa:* Almosen
*salât:* das rituelle Gebet

*schahâda:* Glaubensbekenntnis
*schirk:* Beigesellung, Polytheismus
*schûrâ:* Beratung
*tablîgh:* Vermittlung (der Botschaft des Islam)
*takfîr:* Zum-Ungläubigen-Erklären
*talâq:* Verstoßung
*taqîya:* Verstellung zum Verbergen der religiösen Identität
*taqlîd:* Nachahmung
*tarîqat:* Sufi-Orden
*tauba:* Reue
*tauhîd:* Einheit und Einzigkeit Gottes; Monotheismus; heute auch für Islamisten Einheit der Umma
*tawakkul*: Gottvertrauen
*tazîyeh:* Passionsspiel der Schiiten
*ulema; ulamâ (Plural von âlim):* Gelehrte
*umm al-kitâb:* «Mutter des Buches», Urbuch der Offenbarungen
*umma:* die weltweite muslimische Religionsgemeinschaft
*umra:* kleine Pilgerfahrt
*wahhabitisch:* saudi-arabische, puristische Richtung des Islam
*walî:* gesetzlicher Vertreter, Vormund
*zakât:* Sozialabgabe
*zamzam:* Brunnen im Heiligen Bezirk von Mekka

# Register


Abraham 5, 21, 36–39, 44, 56, 60, 104, 111
Abu Bakr 23 f., 28 f., 46, 50
Abu-r-Ridâ' Rassoul 49
Abu Said al-Kharaz 86
Abu Talib 20
Abu Zaid, Nasr Hamid 107, 117, 130
Adam 36 ff., 41, 111
Aga Khan IV., Karim 16, 30
*ahl al-bait* 28
*ahl al-kitâb* 153
Ahmadiyya 34 f., 144
Aischa, Ehefrau Mohammeds 23 f.
al-Aqsa-Verein 147
Aleviten 12, 32 ff., 60 f., 144, 146, 155
Alevitische Gemeinde in Deutschland (AABF) 32, 144, 146
Alî ibn Abî Tâlib 24, 28 f., 31 ff., 50, 52
*ʿaql* 154
Aristoteles 137
Asimgil, Sevim 105
Atatürk 32, 138
Attar, Feriduddin 80, 85
âya 47, 154
Ayatollah Ali Khamenei 94
Ayatollah Khomeini 93 f.
al-Banna, Gamal 126
al-Banna, Hasan 126
*baraka* 82, 90 f., 154
al-Bashar, Ibrahim 134
*basmala* 40, 58, 89, 154
Bektaschiye 32, 83, 92
Ben Abdeljelil, Jamaleddine 46
Benedikt XVI. 132
Bensheikh, Soheib 141
*bid'a* 63, 94, 154
Black Muslims 35 f.
Bobzin, Hartmut 49
Boubaceur, Dalil 141
Bourguiba, Habib 54
al-Bukhârî, Mohammed 50
Burhaniya 83
Chadidscha 17, 20, 22 f.
*chalîfa* 28, 42 f., 154
Charidschiten 16, 29
Chishtiya 83
*dâr al-ʿahd* 136
*dâr al-harb* 136
*dâr al-islâm* 136
*dâr al-sulh* 136
David 25, 111
*daʿwa* 122 ff., 129, 136, 154
Denffer, Ahmad von 49
Deutsche Muslimliga 98
*dhikr* 82, 154
*dhimmî* 27, 154
Dornbrach, Abdullah Halis 83
Dscha'far as-Sâdiq 64
Dschafaritische Rechtsschule 61, 95
*dschâmi* 75, 154 f.
Dschihad 12, 31, 53 f., 93, 113, 126–130, 145, 154
Dschihadismus 58, 127, 129
*dschinn* 88 f., 154
*dschizya* 27, 154
Duran, Khalid 94
Ebadi, Schirin 120
Elyas, Nadeem 25, 49
Erdoğan, Recep Tayyip 116, 138 f., 145 f.
European Council for Fatwa and Research 96
*fanâ'* 83–86, 154
Farakhan, Louis 35 f.
*fâtiha* 47, 52, 154
Fatima 24, 28, 31
Fatwa 8, 54, 63, 66, 93–96, 103, 105

al-Fauzan, Fauzan 134
Federation of Islamic Organizations in Europe (FIOE) 96, 124, 142
Ferdinand von Aragon 137
*fiqh* 95 f., 154
*fitra* 106, 154
Foda, Faruq 117
Fünfer-Schia (Zaidîya) 16, 29 f.
*ghiyâr* 28
Goma'a, Ali 105
Grimm, Abdulkarim 98
Gülen, Fethullah 83, 138–140, 144–146, 148, 155
Hacı Bektaş Veli 32, 92
*hadd* 97, 99, 154
*haddsch* 51, 154
Hadîth 27, 43, 49 f., 52 f., 60, 87, 98, 105, 107,117, 131
*hâfiz* 48, 154
al-Hallâdsch 42, 80
Halm, Heinz 29
Halvetiye 83
Hanafitische Rechtsschule 95
Hanbalitische Rechtsschule 95
*hanîf* 18, 38, 154
Hasan 29
Hasan al-Askarî 31
Hasan al-Basrî 80
Henning, Max 25, 49
Hidschra 20, 57, 154
Hizb ut-Tahrir 147
Hizmet-Bewegung 139, 144, 146
Hobohm, Mohammed Aman 119
Hofmann, Murad Wilfried 25, 49, 74
Hollande, François 141
Hoxha, Enver 140
*hudâ* 40, 154
Husain 29, 31, 33, 58
Ibaditen 16
Iblîs 41 f., 88, 111
Ibn al-Arabî 40
Ibn Baaz 105
Ibn Bâbôye 64
Ibn Hischâm 17
Ibn Ishâq 17, 22
Ibn Tûmart 45
*idschtihâd* 95, 117, 155
Imam 7, 16, 29–32, 42, 45, 50, 58, 64, 72 f., 77 ff., 105, 107, 117, 126, 138, 140 f., 145, 150, 155
International Council of Muslim Clerics 96
Internationale Islamische Gewerkschaft 126
*irtidâd* 107, 155
Isabella von Kastilien 137
Islamic Call World Society 123
Islamic Foundation 141
Islamische Gemeinschaft Milli Görüş (IGMG) 144, 148
Islamische Religionsgemeinschaft Hessen (IRH) 96
Islamischer Staat (IS) 129 f., 140
Islamisches Zentrum Hamburg 144
Islamisches Zentrum Münster 106
Islamrat für die Bundesrepublik Deutschland 144
Ismail 21, 38 f., 56
*isnâd* 50, 155
Jamaat-i Islami 142
Jerusalem 21, 57, 90
Jesus 13, 20, 22, 25, 34, 36 f., 45, 59, 81, 87, 91 f., 107–114, 122
Joseph 47, 111 f.
Kaaba 18, 21, 38, 55 f., 155
*kâfir* 107, 155
Kalifatsstaat 147
Karl Martell 17, 137
Khoury, Adel Th. 25, 38, 49 f.
Koordinierungsrat der Muslime (KRM) 144
Koran 13, 19, 22–27, 30 f., 33, 36 f., 39 ff., 44, 46–55, 58 f., 62, 64–67, 73 f., 76, 78, 80 f., 83, 86 ff., 90, 92, 97 f., 100, 104, 107–114, 116 ff., 120, 123, 125–128, 130–133, 146, 150

Kriss, Rudolf 92
Kriss-Heinrich, Hubert 92
*kufr* 107, 155
Lal Shahbaz Qalandar 91
Liberal-Islamischer Bund e.V. (LIB) 150
Luxenberg, Christoph 46
*maarifa* (*maʿrifa*) 82, 155
Mahdi 6, 29, 31, 34, 44 f.
Maier, Hans 132
Malcolm X 35
Malikitische Rechtsschule 95
Maria 8, 47, 59, 87, 91 f., 108–112
*masdschid* 75, 155
*masîh* 109, 155
*maslaha* 119, 155
al-Maududi, Abu Ala 140
Mazrur Ahmad 35
Mazyek, Aiman 144
Medina (Yathrib) 20 f., 23, 25, 47 ff., 56 f., 89, 115, 132
Mekka 14, 17, 19–24, 31, 35, 38, 47 f., 52, 55 ff., 76 f., 86, 89, 142, 146
Merkel, Angela 129
Mernissi, Fatema 100
Mesbah al-Metoali Hamad 98
Mevleviye 83, 85, 90, 102
*mihrâb* 76, 155
*milla* 38
*minbar* 76 f., 155
Mirza Ghulam Ahmad 34
Moezzî, Mohammad K. 25
Mohammed 13, 16–26, 28 f., 31–36, 38, 44, 46, 50, 52, 56 f., 59 f., 63, 67, 75, 81, 86 f., 89 f., 98, 101 f., 104 f., 107, 109 ff., 114 ff., 128, 131
Mohammed Ahmad ibn Abdallah 45
Mohammed, Elijah 35
Mohammed al-Mahdî 29, 31
Mose 13, 20, 22, 36 f., 44, 59, 81, 109, 111
Mu'âwiya 29
Mudschahid 58, 127 f., 155
Müller, Rabeya 74
Mufti 54, 66, 94 ff., 101, 103 ff., 128, 139, 155
Muslimbrüder 14, 60, 96, 98, 124, 126, 141–144
Muslim Council of Britain (MCB) 141
muslime helfen 54
Muslimisches Forum Deutschland (MFD) 149
Mustafa, Mohamed Kamal 73
al-Mutawakkil 27
Muʿtazila 30
Nagel, Tilman 38, 49, 88, 114
an-Na'im, Abdullahi Ahmed 117
Naqshbandiya 83
Nasrin, Taslima 94
Niqab 60
*nîya* 51, 106, 155
Noth, Albrecht 133
Organisation der Islamischen Konferenz 118
Paret, Rudi 25, 49
Pir Sultan Abdal 34
Puin, Gerd-Rüdiger 46, 130
Qadiriya 83
Qaida, al- 140
al-Qaradawi, Yusuf 96, 105, 123, 132
*qibla* 76
Rabî'a al-Adawiya 80
Ramadan 2, 6, 51, 53 f., 57 f., 90, 98, 123, 125 f., 136 f.
Ramadan, Hani 98
Ramadan, Tariq 98, 123, 125 ff., 136 f.
Raschid ad-Dîn Sinân 30
*râshidûn* 115, 155
*rasûl* 37, 155
Rat der Islamischen Gemeinschaften in Hamburg e.V. 144
*ribâ* 120, 154
Rudolph, Kurt 49

Rufaiye 83
*rûh* 109, 155
Rûmî, Dschalâl ud-Dîn 80, 85
Rushdie, Salman 48, 93 f.
*sadaqa* 54, 120, 155
Sadiq Aman Khan 142
Sa'id Ramadan al-Buti, Muhammad 123
Salafismus 127
*salât* 51, 155
*saum* 51
Sayyid Qutb 123
Schafiitische Rechtsschule 62, 95, 105
*schahâda* 51 f., 125 f., 156
Scharia 27, 33, 67 ff., 92–97, 103, 116 ff., 120 ff., 126, 137 f., 140 f., 148–150, 154 f.
Schiiten 14, 16, 24, 28–35, 45, 52, 58, 62 ff., 95, 120
Schimmel, Annemarie 25, 49
*schirk* 109, 156
Schmiede, Achmed 49
*schûrâ* 116, 141, 144, 147, 156
Shadhiliya 83
Sharia4Belgium 142
Siebener-Schia (Ismâîlîya) 16, 30
Süleyman Çelebi 89
Sufi-Orden 14, 41, 144
Sufitum 33, 36, 79–86, 89 ff., 120
Sunna 50, 53, 74, 80, 84, 97, 104, 116, 120, 127, 130
Sunniten 14, 16, 28, 31 f., 34 f., 42, 44 f., 50, 62, 64, 96, 120, 124
Suyuti, Dschalal ad-Din as- 132
at-Tabarî, Mohammed 24, 132
*tablîgh* 122, 156
*takfîr* 35, 107, 128, 156
*talâq* 67 f., 155
Taliban 60, 125 f.
Tantawi, Muhammad 103, 105, 132
*taqîya* 63 f., 156
*taqlîd* 95, 156
*tarîqa* 81, 84, 156
*tauba* 99, 107, 156
*tauhîd* 39, 84, 125, 156
*tawakkul* 79, 156
at-Tayyib, Ahmad 103
Tibi, Bassam 117
Türkisch-Islamische Union der Anstalt für Religion (DİTİB) 144
Ulema 74, 94, 102, 133
Umar 29, 50, 56, 90, 98
*umm al-kitâb* 37, 156
Umma 14, 20, 28 f., 51, 55, 63 f., 93, 100, 112 f., 124 ff.
*umra* 51, 156
Usama bin Laden 130
Uthmân 29, 46, 50
van Gogh, Theo 142
Verband der Islamischen Kulturzentren (VIKZ) 144, 147
Wahba az-Zuhaili 104
*walî* 25, 67, 156
Wallace D. Mohammed (Warith Deen Mohammed) 35
Weltmuslimliga 102, 123
Werner, Ernst 49
World Assembly of Muslim Youth (WAMY) 124
Yunus Emre 34, 80
Zaid 23, 102
Zaidan, Amir 88
Zainab 102
*zakât* 14, 51, 54, 102, 156
Zakzouk, Mahmoud 105
Zentralrat der Muslime in Deutschland (ZMD) 49, 57, 96, 98, 106, 119, 141, 144
*zinâ* 97
Zwölfer-Schia (Imamîya) 16, 29, 31, 42, 50